贻芳译丛

The Nature of Home: taking root in a place

根 家园真相

格蕾塔·加德 著
韦清琦 译

江蘇鳳凰教育出版社

图书在版编目（ＣＩＰ）数据

根：家园真相 / 韦清琦编著 .—南京：
江苏凤凰教育出版社，2015.9
（贻芳译丛）
ISBN 978-7-5499-5400-1

Ⅰ.①根… Ⅱ.①韦… Ⅲ.①妇女学—研究
Ⅳ.①C913.68

中国版本图书馆 CIP 数据核字(2015)第 211561 号

作者简介

格蕾塔·加德(Greta Gaard)著有《生态政治:生态女性主义者和绿党》(*Ecological Politics: Ecofeminists and the Greens*),主编《生态女性主义:女性、动物、自然》(*Ecofeminism: Women, Animals, Nature*),并参与合编《生态女性主义文学批评》(*Ecofeminist Literary Criticism*)。她的激进思想始于动物权利运动,并参与了各种环境保护行动、美国绿党运动及后来的反全球化运动,由此锻炼了组织能力。近年来她还担任"大湖教育环保协会"(the Environmental Association for Great Lakes Education,简称[EAGLE])的理事,处理水资源私有化问题及地区民主事务。她先后任教费尔黑文学院/西华盛顿大学、明尼苏达大学(德卢斯),现为威斯康星大学河瀑分校教授,面向农村及劳工阶级学生主讲写作、环境文学、环境研究。

前 言

这些文章撰写、修订于从1997年到2007年的十年间，从个体经验的角度探讨女性主义、生态学以及社会正义的交互关系。在我动笔之初，还未出现同性恋环境主义文本。我的这些写作就算是部分地填补了这一文学空白吧。

非虚构性写作(creative nonfiction)的概念大于随笔、回忆录、报道或是诗歌，它包含这些体裁且更进一步：作者能够以自己的体验为视角展开各种重要话题。非虚构性写作运用的手段包括：调研、反思、对话、叙事、轶事的搜集，虚构文学的技法以及当下生活的各种有形素材也都在其列。混搭的特点造就了这种杂糅(hybrid)体裁，倒也很对具有杂糅身份的作家的口味，在他们眼里，文化与自然、社会正义与环境健康都不可分割地交融于一体。

通过书写曾经是或可以是我的家园的地方，我试图探索人类就如同地球上别的生命一样，是如何塑造了我们的环境，又为环境所塑造的。然而这样的探索却找不到完全适用的思想框架。传统西方心理学把身份的发展描述为分离与个性化的过程，将成熟等同于自主。这在我看来则是反生态的，因为此类心理学向人们暗示，自我从环境的分离，不仅可能而且需要。西方传统里的女性主义心理学则持有别样的见解，将女性的身份发展描述成在关系中的进程，而女性成熟的自我身份就成为一种关系中的自我，相互依存但并不被关系归并。女性主义者多半也并未探讨非人类世界的种种关系在塑造自我身份时所发挥的功用。这一点我们可以求助于生态心理学。最初，深层生态学和生态心理学的发展都把哲学的重点转到了荒野，都着眼于后者在人类身份形成之中所发挥的塑造作用。可是环境既是荒野的，也可以指人文的，既有生态性，又有经济性。环境正义运动将环境定义为我们"生活、工作和娱乐"的场域(place)，再加上女性主义生态心理学关于人类发展的观念，我们便可以开始就具备所有维度——社会、生态、经济——的场域所能发挥的塑造力进行提问了。

本书中的文章视与场域的关系为一种最基本的关系，它少为人所认知，它的潜能却不逊于所有婚姻、伙伴或是家庭关系。正如与配偶的关系定义了婚姻，与场域的关系为我们的家园意识提供了基石。而如果场域有了变化，就像我们很多人在这个愈益流动的时代里所体验的，又会如何呢？我们又该怎样与场域重建关系，以期不论迁移何处都怡然如归呢？

生物区域论者(bioregionalist)提出的策略，在我看来可以比拟为对场域的以身相许，而本书的文章正是要对这些策略进行或分或合地尝试。为了更好地"栖居"(inhabit)于我称之为家(home)的地方，我努力地去认识土地(见"荒野"、"攀登"、"沃特科姆溪"以及"银湖")。我花了不少时间去了解那些居民("身体，中年"和"银湖")，研究当地的经济("银湖"和"食物与居所")，也试着栖身其中("寻家"、"女人/水"和"食物与居所")。

我探讨着自己与场域的关系，并用上自认为会让我有在家之感的策略，同时我却忽略了这一过程的互动性：我也是在改变的。27 岁时所神往的荒野空间，与 37 岁时追寻的野地不可同日而语。年轻时可认同为家的地方，到了不惑之年便显得差强人意。再者，那些我只保持了短暂关系的场域却深深地影响了我，让我重新考虑我从家园想得到什么，又能回馈什么。

为了能较确切地再现这些心路辗转，我为此书的撰写选择了一种螺旋结构，使得场域与观点能够在一个较松散的时间序列中得以集约。生活也是如此进行的，并非线性地推进，而如一螺旋：问题反复地提出，每次都有不同的答案。与此相应，在每篇文章里，场域是变更的；文章探索的一种或多种具体环境，既有社会的也有自然的。时间也在迁移；过去的追寻也映射于现在。身份亦发生着改变。我们"真实的自我"如同我们对家的体察一样，并非一成不变的。

我最终找到了一种与场域的永续关系，借以平衡工作、社区及生态环境。假如其他抱有同样追求的人能以此按图索骥，那我的心愿也就实现了。

目 录

寻家

只要置身有人烟处，我们就得为生存而收拾行囊。早期的狩猎-采集文化不得不逐食物而居，在一地采食、猎捕殆尽便要告别此地了，容其动植物休养生息。到了近代，人们成群结队地背井离乡以谋生路。爱尔兰移民因 1845 年的大饥荒而远渡重洋；俄克拉荷马的农民在上世纪 30 年代迁徙加利福尼亚；仅在 20 世纪期间，墨西哥雇农就不得不随着收获的季节，为生计而远走加利福尼亚、俄勒冈、华盛顿、德克萨斯，甚至北上至明尼苏达。当一地的经济体系——水、作物，或是产业——不能再支撑一个族群的生存，人们便面临一个非常简单的选择：要么离乡要么灭亡。如今在日益临近的全球化的威胁之下，一些地方正通过发展本地所有、可持续的经济来创造第三种选择。这样的经济结构帮助人们更好地掌控自己的生活、掌控产业生活的社会与环境实践。人们得以"驻足"。

我的迁居则另当别论：搬到华盛顿州的贝灵翰姆①去找工作、寻家。五年以来，我每周在天地、树林和湖泊间驱车 150 英里，往来于明尼阿波利斯②我伴侣的住所与德卢斯③我的工作地之间，肖恩和我都希望有个共同的家。我们想象着有这么个所在：有山川、松林环抱，有先进甚而激进的文化，有工作与职业机遇，有朋友和家人。我们明白我们必须牺牲些什么。于是我们决定西迁。

---

① 贝灵翰姆：Bellingham，位于美国华盛顿州北部。

② 明尼阿波利斯：Minneapolis，美国明尼苏达州最大的城市。

③ 德卢斯：Duluth，明尼苏达州东北部港口城市。

我平生住过三种迥然不同的地域：南加州、明尼苏达州的大小城镇，以及现在的西北部太平洋沿岸。每个地方都促使我追问什么是家，并塑造着我对这一问题的理解。

在伴我长大的圣费尔南多谷，最显著的单一地貌便是环谷山脉。从对自身及自身所在最早的意识开始，我就习惯住在山的怀抱之中。

不可思议的是：在明尼苏达的 17 年间，我对方位总觉力不从心。每见大草原地平线上飞扬的尘土，我就以为是隐于山中的雾霭或烟雾。我的目光总在找寻及期望并不存在的群山。山已然在我体内，成为我的一部分，周遭少了山的身影，我就不是真实、原本的自己。我感到不在家里。

有很多年我的家人都在棕榈泉避暑、度假，那时候即便是沙漠也随处可见鼠尾草灌木丛和仙人掌，高速公路到棕榈峡谷车道便终止了。有时候我们乘有轨电车直达圣哈辛托山脉的巅峰，进入杉与松的世界，目睹覆着雪的松针及灰色金花鼠，而不再是山下的沙地和蜥蜴。

在南加州的 20 年生活之后，我选择去明尼苏达攻读研究生，去更多地了解我父亲，他在明尼阿波利斯长大，在我年幼时过世。我只是要去寻根——且也寻到了。明尼苏达人不同于加州人，看来很清楚如何拼对我的姓氏，而电话簿里居然有那么多同宗（而非只有一个）。在明尼苏达，我找到了我的斯堪的纳维亚传承，学会了享用 *kumla* 和 *lefse*（但始终无法适应 *lutefisk*）[①]。我学会了说“明尼苏达话”——和操着单音节语词的人聊上几个小时的天气，我的语调便带上了明尼苏达腔（与中西部方言显著的不同在于元音 *a* 和 *o* 的发音方式，似乎完全与嘴分离而从颅腔夺路而出）。我得知了有关我父亲的生活及其家人更多的情况——伫立于其故居前，寻访他上过的学校，联络他过去的密友。我学会了热爱冬季——真正的冬季，零下 40 度的狂风——而我还学会了乐在其中，学会了越野滑雪和滑冰。在明尼苏达文化中，我找到了伴随我成长的价值观：勤奋，社会责任，公民意识，睦邻友好。我学会了如何成为行动主义者，当我表述自己的女性主义时，我所

---

① *Kumla*：瑞典、挪威风味的土豆馅布丁，辅以黄油和酸奶油；*Lefse*：类似面包干的挪威传统食品；*Lutefisk*：挪威当地人用碱水洗过的鳕鱼。

置身的语境有着如此丰厚的民粹思想传统:劳工组织、农民与工人的团结、女性主义与同性恋社团。

我学会了期遇湖泊和清冽的溪流。我懂得了季节的轮回:雷暴与飓风交加的湿热夏天;延续两月、美不胜收的秋天;接着便是六个月的雪,时而有严苛的寒流,直到一月份的解冻期;终于迎来了春天,泥泞、雨水和紫丁香陆续登场。明尼苏达——文化与地貌——塑造了我。它塑造我只因我热爱它,任由它拥抱我。

回家的意思有一部分就是去找寻你自己的族人——并不仅仅是你的血亲,而是你整个家族。在离开洛杉矶去明尼阿波利斯之际,我想可以通过查询我所继承的遗产来寻亲。这一探究的过程显然很重要。后来我才明白,我的族人,我自己的家人,既通过血脉纵向延伸,亦横向地包括了其他在这边土地上生息的人,过去和现在都有。上世纪 80 年代的明尼苏达州根本看不见拉丁社区,在洛杉矶则比比皆是,伴随着我成长,那里能听见飞快的西班牙语节律,能读到双语街牌,能耳闻收音机播放的萨尔萨舞曲,能目睹五彩斑斓的衣着,能凑到奇卡诺[①]邻居那里听故事,这一切都让我惦念。没有了社交谈话,我那原本就不流畅的西班牙语便没了生机,一同失去的还有对和我共栖一处——我的第一个家——的那种文化的洞见与观点。当我移居明尼苏达去追寻亲人时,我也失去了这些土生土长的联系。

我得到的则是另一种家人。在内观禅修"僧伽",在女子教堂集会上,在绿党活动场所里,我找到了道德与精神的社会。在德卢斯的"诗码头",我找到了已蔓生到学校围墙之外的野生的草根诗人。而在肖威尔彭特和帕里塞德海德的苏必利尔湖畔,红岩峭壁上成群结队的攀岩者是如此地体恤着这片岩壁,他们放弃了白垩粉的使用,保险绳也远离了游隼的巢以免惊扰它们。这样的人际关系网络就如同山脉一样围住了我,可是我仍然渴念着童年家乡的风景。

为寻求山谷以及可持续发展的城镇,我开始踏访西部各地,探索着这些地方的种种可能。我的标准可不少,能成为我家的地方得有自己的可再生水源,且不能祸害环境,诸如凤凰城、棕榈泉和洛杉矶这样的城市就立刻被排除了;肖恩和我

---

① 奇卡诺:Chicano,指墨西哥裔美国人或在美国的讲西班牙语的拉丁美洲人后裔。

都得有可实现自己抱负的工作；当地社会必须在政治上进步、在文化上多样，还不能少了艺术和信仰的团体。还有，必须要有山。

我们的探寻围绕着北加利福尼亚——洪堡县、海岸红杉林、沙斯塔山、阿克塔、奇科、索诺玛。在韦弗威尔，我惊异地发现了一座中国庙，百多年前建的，借此我开启了中、日文化存在塑造加州的发现之旅，对此我的研究生岁月可没有给我任何准备。在20世纪60年代的小学，我们学到的是艾尔卡米诺一带的西班牙传教活动，以及像朱尼波罗·塞拉神父(Father Junipero Serra)这样的耶稣会士，他们“拯救”了印第安人。而成年之后的这些游访中，我发现的是另一种历史：印第安人的奴役、中国的劳工、日本人集中营、奇卡诺人自发的组织及所遭受的镇压。我向一位朋友描述这些经历：这就好比家族里的父辈连续好几代包养姘妇、私生子，在家俨然只是我们这些孩子的父亲，家族的另一面完全被遮掩起来。

尚在多年前，我的伴侣肖恩刚从高中毕业，从明尼阿波利斯迁到了落基山脉，在丹佛北面的高山上先搭帐篷后建木屋，住了两年。当我们联袂造访贝灵翰姆时，她目睹舒克桑山的雪峰在皮克彻湖的映衬下显得格外雄奇，并认出来那正是伴随她成长的、父母家墙纸上的图案。与山同栖的诱惑同时在向我们招手。

此刻，站在蕨草和覆着青苔的道格拉斯冷杉丛中，肖恩和我都犯了难：我们能在西华盛顿这沿岸雨林中安家吗？抑或既然我们的亲戚分散在南加州与明尼苏达之间的区域，我们的家族史和人脉关系终要盖过我们的生态需求？我们与场域的关系将如何改变我们彼此间的关系？我们给自己订了五年之约，此间我们在这里营建家园，五年后我们将再次抉择：中西部，还是西北太平洋沿岸。

于我，重返西部就像去完成一个未竟的爱情故事。有太多的问题悬而未决：童年时魂牵梦绕的土地，就是那片有着裸露的花岗岩和高耸的松树的土地，在哪里？如不再有崇山与大海环绕，我还能感受到真实的自我么？而与场域的关系，为何在我生命中显得如此势不可挡？嶙峋的花岗岩山和凌空矗立的松树困扰着我在明尼苏达的各种往来，向我呢喃着：中西部只是暂栖之地，不会有永久的人际关系，因为总有一天，我还是会应着西部的呼唤，应声折返回去寻找家园。

问题不会悬置太久了。

一声惊雷炸响并回荡在山谷，惊吓了动物，也摇撼着屋子里的灯盏杯盘。是枪声？喷气飞机的音爆？伐木？该地区的最后一批巨树已在多年前轰然倒下。那肯定就是一班工人了，他们正炸开山腰以修出一条新的伐木路。

身居伐木文化之中对于我而言是新鲜的体验。我不懂日常活动的来龙去脉，预期有什么发生，或该如何介入其中——不过我学得很快。一月的一个昏黑的雨夜，在一次公众信息发布会上，州自然资源部宣布了一项在沃特科姆湖以北砍伐212英亩山林的计划，而沃特科姆湖可是贝灵翰姆唯一的饮用水源。如果得到批准，自然资源部的计划还将包括新修占地65英亩通往原始枞木林砍伐场的路，蜿蜒于奥斯汀溪周围的广袤地带。在自然资源部的地图上，我认出了他们主张开发的区域：从我和肖恩经常带着爱犬“大红杉”溜达的老伐木路向上延展。我仿佛看见了路沿的陡坡，兀现的巨大树桩，高大匝密、作为进入伐区次生林的桤木。如果我想保护森林免遭更多的砍伐，我就得学习沃特科姆流域的历史与伐木经济。

作为注入沃特科姆河的主要自然支流，奥斯汀溪过去曾是切喉鳟和红大马哈鱼的主要产卵区，然而近年来的伐木业致使过多泥沙渗入溪水，红大马哈鱼已绝迹，而切喉鳟数量亦大幅减少。如伐木业继续下去，那么长耳蝙蝠、北美黑啄木鸟、石纹小海鸦、鱼鹰、秃鹰、海狸、水貂的存在和安全都将成问题。十年前，还是在这片区域，整个夏季的密集砍伐摧毁了鱼类和其他野生动物，之后奥斯汀溪发生泛滥，80亿加仑的水量冲下已遭侵蚀的山坡，从伐区携带了巨量疏松的土壤和泥浆，这一过程被称作物质坡移。我们怎么对待动物和地球，也就怎么对待自己：洪水毁掉了公路、桥梁和湖畔人家，使该县付出了800万美元的代价。自然资源部却无需接受处罚。沃特科姆湖之上的森林成为“学校信托”地：华盛顿州没有动用税收收入而在伐区公共土地上出钱修建了公共学校。教育，和为了教育后代而进行的森林采伐——不啻是一荒谬的馈赠。

在一个阴沉却干爽的下午，我沿着奥斯汀溪旁的伐木路去远足，希望更多地了解一下那片提议要砍伐的区域。上观景山不远便有稠密的林冠遮掩了奔涌的溪水，空气也凉了下来。伐木路在一个急转弯处跨过溪水，陡然蜿蜒上行。接着看到了指示牌，用寸把宽的粉色丝带和订书针固定在一粗大的树干上：“木材出售区分界”。牌子后面，茂密的针叶林及下层蕨类都将整体砍伐。走进寂静的山林深处，浓重的树荫下可见到鲜亮的粉红丝带，这些原与乳腺癌幸存者联系在一起的带子如今系在了伐木路边的树上，宣告着这些林木即将到来的厄运。有人在一根倒伏的原木上用亮丽的橘色喷涂了一张笑脸。

保护水和森林是对当地民主治理的测试，也将成为我在华盛顿州参与公民活动的首次体验。通过这一斗争，我希望自己能有在家的感受。

我们谈的家，究竟是什么意思？一个休憩的场域。有食物、温暖、安全感及归属感的地方。使我们成为"真实的"自我的所在。反正人们是这么说的。对于很多文化女性而言，家则有不同的意义。

工作的场域：当我们担当妻子和母亲的角色时，我们在这里照料别人；对于三分之一的女性来说，家是幼年即遭性暴力或此后还梦魇不断的地方；对于六分之一的已婚妇女，家是她们身体受虐的地方。天堂；地狱。

所以这些意义，也注入了我们对作为家园的地球的理解里。

正如西方文化期望女性以妻子和母亲的身份甘当自我牺牲的看护者、家园的缔造者，芸芸男女也随心所欲地向大自然母亲索要得愈来愈多。如今已渐露端倪的是，女性和自然都被耗尽，而无情的征伐或要引发严重的后果。全世界的气温都在上升。海平面、污染程度、物种灭绝的速度都在上升。而女性也要站起来了。

在贝灵翰姆只住了八个月，若是将这里称为我的家，似乎有些冒昧——这个词暗示着一种亲昵，一种对地域的知识，一揽子我尚未赢得的关系和承诺，虽然我正全身心地投入其间。我和伴侣踏访了很多当地小道，探索着该地区的都市城镇，参与当地活动，研讨流域治理计划，也倾听鸟儿的鸣唱。我在这里认出了与明尼苏达相似的羽衣精灵：大蓝鹭、雪鹀、红翼鸫以及野鸭。其他种类对我而言则很新鲜：各色画眉、美洲黑鸦，还有斯特勒松鸡。树木的品种也是如此，既有熟悉的也有陌生的：西部红雪松、道格拉斯冷杉、蓝叶云杉、浆果鹃、白桦以及桤木。这一带独有之处是种数惊人的杜鹃，还有在夏秋两季漫山遍野的野生黑莓、树莓，以及成片的、色彩斑斓的花果树。

在我想象之中，直到季节的轮回在我体内也唤起相应的一次轮回，我才算得真正的本地居民。然而群山已经抱牢了我。慢慢地，带着十足的耐心，我开始学习一门新的关于家的语言。

第一年　历史与身份

假如沙漠是女人，那我很清楚她会是何模样：丰乳宽臀、茶色肌肤，还有茶色毛发，浓密而平滑地覆于其完美的身线；像斯芬克斯般丰满的唇，但不似后者那种沉重的眼睑；目光清醒而持重，正如其上空珠玑一样的天色。这样的面容可以使男人甘愿伺候左右而无非分之想，这样雍容的心胸使得男人的罪孽无足轻重。她充满热情，但并非急不可待而是耐心十足——而且你无法撼动她，没有办法的，就算你给她所有的土地，只要在她欲望之外，哪怕只离了那茶色秀发宽度的距离，她也不屑一顾的。假如你能深入任何一个带着这片土地印记的魂灵，你都会发现这些特质——很快我就证明给你看。

——玛丽·奥斯汀，《土地》

所有的婴儿洗礼时据说都有好心的仙女降临，而倘使我能说动她，我一定求她赋予世上每个孩童一种惊奇感，且终生不可磨灭，那是一剂良药，能在日后战胜厌世和祛魅，使他们不再沉湎于浮华，不会疏远我们全部力量的源泉。

——蕾切尔·卡森，《惊奇感》

女人/水

在那次最终使我定居西北太平洋海岸的校园面谈期间，一位行将从遴选委员会退休的教授带我游览了一次贝灵翰姆，以派顿湖为终点。那个一月的下午阴云密布，不过并没有落雨，可当迈克尔的吉普开上通往派顿湖岸的狭窄的双车道公路上时，那雨还是在车窗玻璃外倾泻下来，于是之后走在由稠密的松杉林构造的绿色隧道之中时，不免被淋得湿透。迈克尔告诉我，派顿湖有约两英里半的步道围绕，北面、东面多草且基本是露天的，而西面、南面则掩在密林之中。我想象着和爱犬在这里慢跑，或是夏天午餐后在这里享受清凉的绿荫，不过南岸繁茂的林木让我不免担心起来。这些湖畔小道能庇护女性的安全吗？东道主犹豫片刻后还是据实相告，确实发生过两三起强奸案。

就在我准备迁居贝灵翰姆的同一年，即 1998 年秋，一位 20 岁的马萨诸塞州女生来这里省亲，也想探究一番本地及其大学。首次游历便让她意识到，这片土地，这里的森林和水，正是她想要栖居的所在，于是她做好计划准备次年转学。带着找到新家园的欣喜，她在一个周五下午独自来到派顿湖散步，并遇见一个年近五旬的园丁，他邀她干活儿、会朋友，然后一起去喝啤酒。两天后，人们在冰川附近的贝克山公路发现了她的遗体，头颅遭园艺工具猛击，身体亦被性侵。那个园丁则销声匿迹了。

克丽·琳恩·舍洛克，20 岁。当我漫步派顿湖时，我想象着她发现此地的喜悦。我很想缅怀她的冒险精神，她对陌生人善意的信任，她对土地的钟情。我不愿意去想男人对女人的暴力。我只愿去想水、道格拉斯冷杉、西部红松、欧洲蕨与剑蕨、苔藓与泥沼。我愿将隐秘的自我置于树木的怀抱中，让落于唇上的雨滴的深吻以及喉舌间的风使我焕然一新。

然而在派顿湖四周满是林木的山坡上,我看见了曾为参天大树的带锯齿边的残留,被锯掉躯干的树桩上的弹板开槽[①]上依然可见。曾几何时,这片土地和克丽一样无力保护自己。水与森林的互相依存,一个姑娘的梦想与追求:这些都是她去结交生人的愿望的源泉。

这件事将会塑造我与这里的水、这里的地域的关系。其他女人与水及地域有关的故事也同样影响着我,因为水一向是家的一个符号。

当我在第一处家园圣费尔南多谷对水开始有意识的时候,水不叫"水",而叫"水槽"。

在混凝土砌起的沟槽的最底部,另一条窄窄的沟槽穿过其中心,并在空洞处形成了涓涓细流。即洛杉矶河[②]。

生长于汽车文化里的我,只能在我们的"漫步者"[③]驶过冷水谷、月桂谷、富尔顿或是维特赛特时从后座瞥到几眼这条河流。就在穿过穆尔帕克之前,我们会开上跨河桥,我每次都从车窗向外张望,看看河水是否还在流淌。看看它究竟还在

---

① 弹板开槽:springboard slot。如图所见,伐木工在巨树底部开槽插入木板,利用树木自身的依托来伐倒巨树。

② 据作者格蕾塔·加德信中给我的解释,洛杉矶河为人工河,积雨水以供地处沙漠的市区使用,为混凝土结构,如图:

③ "漫步者":Rambler,为通用公司旗下的一款旅行车。

不在那里。长大后，当我可以自己步行两个街区去上小学时，我发现那条河就在学校半个街区外的地方。放学后如能得闲，我有时就跑到桥上，探过铁栏杆向下望，看浑浊的水流，看渠槽底部的杂草居然透过水泥长了出来。到了初中我能骑车去暑假学校时，便经常在溪边流连。

那水流诱惑着我。我想去熟识它，结交它，见证它，倾听涓流的声音，想设法下去将手伸在水里，去参与其流动。它不像在书里读到的真正的河有鱼虾、蜻蜓、河狸、麝鼠、石块、淤泥，这里只有水泥。可是它寄托了对河的记忆，且也有成为河的希望：混凝土槽壁与铁丝网眼围栏的上方及外侧都有宽阔的沙土地，其边缘长着夹竹桃，缀着粉色和红色的花儿。假如你钻进夹竹桃丛里，走在水泥槽上方的沙地里，听着水流，便可以佯作野地之行了。它曾经就是的，毫无疑问。

当母亲发觉我对那河的着迷时，便警告我别去。夹竹桃挡住了过往司机的视线，小女孩躲在里面很容易就会成为陌生人的猎物。此后我只能在骑车上桥经过水槽时放慢些速度，匆匆瞥一眼下面细窄的流水。还能怎样呢？水槽与我都在洛杉矶的混凝土的钳制下喘得透不过气来——不过我可以出去。我在盘算出逃计划时已感到了内疚，像是出卖了自己的朋友。

深秋的一天早晨，我在拂晓时醒来，穿戴整齐，从恩西尼塔海岸悬崖走 118 级台阶下到一个叫斯瓦米海滩的地方。我蹚进太平洋的水里，在海浪能拍打到大腿的位置，我打开了盛着父亲骨灰的纸板盒。

骨灰呈黑、灰及白色。有一些质地如沙。装满骨灰的盒子轻若空盛，当我取出第一捧曾是我父亲身躯的东西时，这些灰烬或从我指缝漏出，或被海风吹起，撒落在泛着泡沫的海浪里。当然我们是不合法的，父亲和我：禁止海葬，至少不能在离岸这么近的地方。可我沿着沙滩在波涛里缓行，仍然撒出了一捧又一捧，唱着过去 16 年父亲唱给我的歌。这是他想要的葬礼——没有墓地，没有墓碑，没有盛骨灰的瓶子，也不用存放在大理石墙上的格子里。

不要到墓园来看望，他对我说。让我去吧。黎明时分将我撒在海里，想和我说话了随时到水边，走到沙滩上来就行。

于是我照做了。

平生有两回，我很不情愿地被迫离开了水域，一个不愉快的想法是：或许冥冥之中父亲在监督着我。第一回，罗斯玛丽和我带着毯子来到桑塔莫妮卡海滩，一块儿躺在了沙地里。那儿还有别的情侣，他们的毯子四散在夜晚的海滩上，我们费了番工夫才在夜色中安顿好，与别人保持着适度距离以维护隐私。很快海浪"嘶嘶"、"吵吵"的冲刷声掩住了汽车轮胎的摩擦声，直到刺眼的探照灯使我们从相拥中惊跳起来。我们虽然衣衫齐整却也害怕被刑事处罚或遭更大的罪，便抓起毯子奔进了汽车里。

又过了十年，玛丽和我只穿了泳衣骑车穿行于明尼苏达潮湿而浓酽的夏夜里。到了约瑟芬湖我们弃了车，也在一棵橡树旁弃了衣服，争先恐后地奔进湖水里。我们在没有月色只有星光的夜里，肌肤相亲地游着，我感到与此地、此情是多么的契合。这便是我中意的生活：亲肤，亲水。然后探照灯扫过湖面，直至发现了我们。

在我移居明尼苏达去寻找父亲的行迹时，却找到了水。

吸引我去中西部的那所大学横跨密西西比河两岸，而坊间传说英语系的那位知名教授纵身跳下了学院桥而结束了生命。即便在市区，密西西比河也开拓着其都市野地。在富兰克林街桥下面的西岸兴起了一片无家可归者的营地，在那里可见烤火圈、散乱的椅子、临时遗落的毛毯，以及经年累月形成的纷繁的小径。此处的对岸，人们各自溜达着，却也相遇，也分享着那份悠哉。他们延展了河，他们抵抗着铺马路、修公园凳和垃圾箱、清除灌木林的城市规划者。人们还在漫步，只不过他们的乐趣没有止于此，而是更向南延伸着。

此地的原住民——奥杰布瓦人和达科他人——很会给水起名字。"明尼苏达"(Minne sota)表明大河(Missi sippi)在泛滥期所呈现的乳白色。Kitchi gumi 意为"大水"，即欧裔美国人大多知晓的苏必利尔湖。Owah-Menah 则指日后由天主教士、探险家亨内平所命名为圣安东尼的大瀑布(St. Anthony's Falls)。及至1852年，欧洲探险者们已定居下来。他们把达科他语 Minne 和希腊语 polis 合在一起作为这座滨水都市的名称。随着1884年《哈克贝瑞·芬》的发表，这条大河的野性气质和不法悍徒的名声便成为马克·吐温众所周知的写作主题。到了秋天，狂暴的大河将吐温描写的那些逆流而上的汽船阻拦在了明尼阿波利斯，使得北部水域更加蛮荒而少有船迹。在大河的发源地，河水细如溪流，据闻踩着石头便可渡过了。

曾也许愿，要探访这条切分了一个大洲的巨流的源头。从艾塔斯卡湖(Lake Itasca)一路奔腾至墨西哥湾，其2 552 英里行程之初的发源地带，一定对我多有启迪。

与河流平行，以两位达科他青年命名的街道“海华沙”(Hiawatha)和“明尼哈哈”(Minnehaha)自明尼阿波利斯市中心一路直抵瀑布，即明尼哈哈溪穿越海华沙大道之处，溪水在半英里开外注入密西西比河。市政开发将海华沙大道延伸了一英里，使之越过瀑布与穿城公路并线，可是这二合一的联姻神话对最早的市政规划者或上世纪初来度蜜月的情侣而言也并非闻所未闻，当时瀑布周边的小旅馆生意兴旺，直到公路延伸至此才逐渐沉寂。如今，海华沙怀抱明尼哈哈的金属雕像兀立于瀑布上方，公园里的玫瑰圃以朗费罗的诗句作为装饰，诗人重新创造了海华沙，歌颂他“猎艺无一不精”，而其伴侣明尼哈哈——“欢笑之水”——则是“女中最俊美者”。

将水比作达科他女子，这一浪漫化的传奇形象在一年春天我驾独木舟漂明尼哈哈溪时便浮现在我脑海里。从西面的明尼唐卡湖出发，穿明尼阿波利斯南城而汇入密西西比河，在这 22 英里的水路上，我很想听见“她”的心声，希望从水的视角观察城市。若水能言，故事便正在此了。

在溪水初流的明尼唐卡湖，沿岸的楼宇效颦着皇家排场。三、四层的高大屋舍沿河而起，附带着用心整饬的草坪、雕像、排球场、精致的儿童攀登架以及眺望台。私人产业，闲人免进。不过等这些大宅子消失在视线后，小溪便重新拥有了自已的岸：有倒伏的原木、柳树和杨木，有红尾乌鸫在开阔的河湾沼泽上晃荡。尚未觅得配偶的绿头鸭们聚在一起，或浮游或栖息，喙藏在羽翼里，圆溜溜的眼睛或睁或在梦寐里紧闭着。加拿大野鹅群里毛茸茸的黄色小鹅被成鸟赶着向前冲，它们的长相与黑白双色的父母大异其趣。接着便出现了几条小道，起初有很长的部分只是泥土小径，好半天才出现铺设的自行车道，许是为了减少人迹对这绿荫遮盖的河岸的影响。明尼哈哈溪始于王侯气派，终归平民风貌。寻常人家。瀑布属于一座公园的一部分，而溪岸的最后半英里修建了以再生塑料为材质的栈道，也有被踩实的土路，径直伸向密西西比河，人们在那里钓鱼或是观赏来往的船只。这也算得一种地方志吧。

我在明尼阿波利斯和圣保罗的湖岸行走了十年。冬季，我在其整饬过的湖面上滑冰，还有人安然地在岸边看我的笑话，而朋友则会教我如何在冰湖上走路、骑车甚至开车、造冰屋子。到了夏季，我在这里游泳、晒太阳，划独木舟，或套在车胎上漂浮。我从未想过喝一口湖水。我与水的关系纯粹是美学意义上的，纯粹的消遣。

为了大学之后的第一份工作，我搬到了苏必利尔湖畔的一座小城，距我在明尼阿波利斯建立起来的亲友圈子约三小时车程。德卢斯这里，冬季总是早到迟退月余，九月末可见飘雪，而春天的紫丁花季至六月方姗姗而来。对于一个土生土长的南加州人来说，苏必利尔湖的冬季真再好不过，城里也没有多少可供消遣的。除去环保人士、诗人及户外运动爱好者外，这里在文化上与我无甚交集，于是在八年的时间里我心无旁骛地投入了工作中。然而那几条发源于山顶流经市区并注入大湖的溪水则促使我流连于森林、在冬季变为双股滑雪道的步行路、铁灰色的烟波河景及色调更深的苍穹。在不用驱车回明尼阿波利斯的周末，我就滑雪、远足、登山、与土地结友。

苏必利尔湖与我先前认识的水体都不同，活似一汪大洋与一只北极熊的交叉体，喜怒无常的巨灵，在夏季的波涛里简直就可听见她沉重的呼气，到了冬季她则栖于冰冻的岸边，随着冬眠的节奏而缓慢起伏。奥杰布瓦人视苏必利尔湖为大神、祖母，据说她是有求必应的。

在一个元旦前夜，离婚后五年的约会与短暂交往关系使我心力交瘁，并下定决心过单身且独身（并非一回事，我在向朋友倾诉时特别强调）的生活，直到遇见对我而言真正意义重大的人。连续五个月，我滑雪、远足、登山、写诗、教书、组织活动、参加社交，周末之夜我常常独自观看自拍的影像。在文化生活单调的德卢斯，你只能干这些了。

至六月中，先前下定的决心已然摇摇欲坠。我看不出按所选择的行动路线还能找到什么未来伴侣。我得行事更加果敢一些。

夏至时分，当苏必利尔湖的空气仍弥散着凉意，而日落后的光线还能久久耽留时，我来到湖滨，站在那些粉色、蓝色和乳白色的圆形且光滑的卵石上，这便是苏必利尔湖特有的石蛋。在我身后，环湖步行道向内陆弯曲，因其外围有一片三英里长，名曰“公园点”的嘴状沙洲，那里散布着些袖珍型避暑小屋，屋子在上世纪初就已存在，并为常年住户的需要而得到了加固。一座升降桥将“公园点”与内陆连接起来，同时也方便出洋船只通过苏必利尔湖及圣劳伦斯河湾。紧邻升降桥的是航运博物馆，环湖步行道的起点便在馆外，此地的海鸥发出刺耳的鸣叫，等待着游客将面包和苞米扔在草地上。从航运博物馆出发，环湖道循着内陆岸基，经过一座已有一半陷入地里、人称“哈维大叔围栏”的石砌仓库，接着折向北到达老菲特格啤酒坊，现已改造成包括餐饮、住宿及购物的商业中心。立于环湖道的任意一点，你都能看见有狭长的陆地拥抱着湖水，一边是明尼苏达拥有的北岸，另一边则是威斯康星颇有起伏的土地。但两者永远也不会有接触：铁灰色的湖水往北及东北方向接上了墨蓝色的地平线。

夏天是德卢斯的旅游旺季。到了周末，狭窄的环湖道上人群川流不息，有全家来散步的，有乘坐四轮马车的，有练习旱冰的，有推婴儿车的，还有遛狗的。“公园点”及升降桥据称是明尼苏达最热的观光去处。不过在平日的夏季夜晚，环湖道复归本地人，而后者人口不多，所以湖边漫步时仍有几分寂寥。

当跪在水边的粉色、蓝色和乳白色的卵石上时，我想起了奥杰布瓦人将大湖视作老祖母的传说，她是法力无边的神，只要是发自肺腑的心愿，她都可以满足。这是个不能轻视的时刻。首先我感谢湖馈赠了这样一方水土，无论是空气的那份静谧还是风景的舒展，都迂阔得让人无法拥抱。我向湖水承诺要回报，我必须像伙伴和孙女儿那样去工作。接着我把双手伸进水里，祈求着。

我在第二天遇见了肖恩。

沿风光旖旎的北岸公路驶过莱斯特河，便可见德卢斯水处理厂毫不张扬地坐落于岸边。这幢红石灰岩建筑颇似健身馆的式样，半圆拱窗户以及带雉堞的角楼现今用作了泵房，通过原先埋设于地下 64 英尺深的钢管将湖水抽进来，再送往 1 560 英尺外的水域并留存在那里。湖水接着被输送到街对面的新建砖楼，经过絮凝、过滤和氯化处理，就可以饮用了。

原先的工艺要简单很多，处理效果也不尽如人意。从发布于 1930 年 7 月的一份公告可知，市政工程师报告说每年都有因抽取苏必利尔湖水而感染伤害致死的病例。工程师们从伤寒病追索到大肠杆菌，并发现"沿北岸铺有不计其数的排污管"，而湖水直接顺流被抽进了泵站。伤寒热的季节性传播可能与盛行风向有关，因为被污染的湖水或接近或远离取水口。水的氯化处理是工程师们的唯一解决方案，但他们也警告道"虽然苏必利尔湖面积广袤且有强大的自净能力，但无法消化如此巨量的污染"。

另一个与水有关的问题始于 1955 年，当时保护区矿业公司开始向苏必利尔湖倾倒铁燧石尾渣。该公司距德卢斯东北 50 英里，它每天倾倒铁燧石废渣约 67 000 吨，直至 1980 年。为什么后来停顿了呢？1973 年，德卢斯城市用水中发现了石棉纤维。如前述废水的去向，盛行风及湖水的逆时针流转将铁燧石尾渣直接送到岸边的饮水取用口。

就在距今不久的 1999 年，研究员朱莉·斯道夫在《水危机》（Julie Stauffer, *The Water Crisis*）中描述了五大湖的污染问题。顽固性有机污染物质包括多氯联苯、汞、二噁英、狄氏剂、呋喃、苯并芘、六氯苯、滴滴涕、烷基化铅——五大湖水质国际联合调查委员会（IJC）表示过对这些化合物的担忧：其对于野生动植物的毒害以及对人类健康的潜在危险。IJC 将苏必利尔湖作为零排放试点，倡议工业部门逐步淘汰有毒化学品。在要求清理和防范的过程中让公众参与进来是至关重要的，因为 IJC 没有强制推行的权力。

如今在诸多污染问题上又多了一个：假如水**离开**了五大湖，该怎么办？

在密歇根州的斯坦伍德，"冰山春露"瓶装水公司每分钟从地下抽取多达 400 加仑的水，即每天575 000 加仑，占注进密歇根湖水量的 80%。这些小小的塑料瓶正抽取着五大湖的水——曾经属于广大民众的水——将其截下来，据为财产，并卖给了类似"雀巢"这样的公司。

瓶装水并不比城市用水更安全、更健康。塑料瓶也大多不再回收。而密歇根州其实并无冰山公司印在塑料瓶上的那些个山。如果瓶装水的生产和消费只限于同一生态域，保证水就地循环，且所得利润用于公共水设施，那么瓶装水便不算什么大问题。然而大部分瓶装水是销往密歇根州以外的，“雀巢”盈利的同时，却让生态系统买单。水的瓶装化提出了水的所有权、水的利润及水的用途等问题。

当我离开苏必利尔湖去往太平洋岸西北部时，我装了一小瓶水，作为对那位祖母的纪念。我也开始在意别的女人与水的关系。

原本在世界各地的河、湖及地下通道中自由流淌的水，如今正遭到抽取、处理并分流进小小的塑料瓶中。有一些女人购买了塑料瓶装水，与此同时另一些女人则每天要耗费三到五小时将水背负到家里或田间地头。买瓶装水的女人使用抽水马桶，由下水管连接到污水处理厂；这些女人不会得水传染疾病，她们的孩子一般都能活过五岁。负水的女人一天使用的水相当于抽水马桶冲洗一次的水量。但根本就不能这么比较，因为负水女人不会有这样的下水道设施。她们为孩子的健康担惊受怕，唯恐其染上肠道寄生虫病、痢疾、脱水症，乃至死亡。她们的孩子很多活不过五岁。

今天，这两类女人都被排除在影响她们对水的使用的决策过程之外。不过买得起瓶装水的女人并没有感受到这种被排除的效应。尚未。

在大学地图馆，珍妮特·柯林斯向我展示了派顿湖早期的文献照片，拍摄于1941年，南岸斜坡的植被还是郁郁葱葱的，这表明假如当时湖的轮廓尚清晰分明，那么砍伐活动则发生在居民区形成的前50年。在沃特科姆县历史与艺术博物馆，杰夫·朱厄尔给我看了上世纪初的另一张照片。南岸仍然森林茂密，而北岸可辨六至八个左右的居住点。那个时期居民点的发展没有任何规限，可以一直延伸到水岸边。杰夫拿出一叠子派顿湖地图，我们见到湖有两个进水口，一个来自北边的无名小溪，另一个位于湖的东北角，即现今的“遛狗区”，昔日的“河谷木瓦公司”于1914年在那里兴建。

一份1922年的地图显示，派顿湖周边已有六个不同地块被划定为开发区域：北岸的高地公园、海景湖公园、帕克派顿湖；沿东岸的一片“湖岸附增”区，以及沿南岸长满林木的陡斜坡上划出的“高地峡谷”和“瓦拉瓦拉附增”区。该地图还在这些规划范围内标出了“费尔黑文水业”的取水点,其长长的汲水管从西北角钻进湖里。人们在同一片湖上建设、饮水。

在诸多开发片区中,“高地峡谷”计划是最雄心勃勃的,于 1889 年为投资人威尔及艾尔薇拉·詹金斯制定。这片假想的社区包括了旅馆、教堂、公办学校、船库还有公园。湖的南岸(即现今的土筑步行小径)规划了一条通衢大道,周边的路段名称都珠光宝气:钻石、红宝石、石榴石、珍珠、绿宝石、水晶。人们有选择地砍伐最粗壮的大树,于是伐木业拉开了序幕。所幸湖区那个冠冕堂皇的詹金斯社区始终没有全面铺开。1903 年费尔黑文市议会通过决议撤销了“高地峡谷”规划。如今,“石榴”不过是骑马道上的一根在风雨中吹落的树枝;“绿宝石”只是一汪长满苔藓的静潭;“珍珠”是一片长于蕨草之下的蘑菇,而“红宝石”、“钻石”则是趁黄昏溜到湖岸来的梅花鹿。

贝灵翰姆直到 1968 年还在饮用派顿湖的水,此后沃特科姆瀑布水处理厂将沃特科姆湖作为城市主要饮用水源。派顿湖于 1972 年成为城市公园,其安全性暂时得到了保证。公园立法保护其界域内所有非人类自然生物,却不能保护在那里散步的女人。

每隔四五天,我就去食品合作社,用那儿的过滤器灌满一只五加仑的水桶。尽管沃特科姆湖周边存在杀虫剂、砍伐、矿渣、水土流失等问题,尽管湖水中发现了汞和隐孢子虫,我还是决定带上水处理厂生产的水,再外加一层过滤。食品合作社水过滤器使用活性炭、反向渗透层及紫外线消毒,每加仑水要多花我两美元,还得费力气去搬运。并不是只有我一人对水质忧心忡忡,每到周末我们便三四人一组排长队来等水。

假如我们的产业经济顺着现有的道路继续下去,那么这四人组长队便只是个开始。新贸易法已经宣布,水是一种商品,使得跨越生态、经济疆界的卖水成为可能,而榨取利润的对象正是那些所拥有的水资源日益枯竭或被污染得无法饮用的社群。无力或无意维护用水及排水基础设施的城市,正悄然将这些公共事业售卖给只为追逐利润的公司。在私人企业的运作下,用水、排水价格上升,水质却在下降,而最为贫困的顾客如今可能被完全排除在用水权利之外。我能想见,有巨船拖着庞大的水袋漂洋过海，我也能想见，干渴的人们涌上大街抗议，要求得到水。我为水而忧，为居于水里的生灵而忧，为所有以水谋生的人们而忧。我为我们的文化而忧，它对生命中不可替代的元素竟是如此的漫不经心。

我走在伐木路上，听见炸药破开了观景山，也看见了系在高耸的老雪松和道格拉斯冷杉上那些粉红丝带。此时的我已深深地投入到一场阻止砍伐的斗争中，这项计划准备伐倒奥斯汀溪周边 212 英亩的区域，而这条溪水正是注入沃特科姆湖的。为与伐树计划针锋相对，我们要搜集有关水、土壤及野生动物的研究，我们得用伐木业的行话，我们要拿出数字。

我们做到了。我们找到了关于野生动物、斑海雀还有本地切喉鳟的数据。我们分析拖木卡车开出林场的路线，发现这条线路经过四所中小学，于是我们对该路线的安全性提出疑问。我们考察山坡的稳定性，发现因清场伐木而引起的洪水和滑坡，有关文献距现在尚不到 15 年。我们查阅水质报告。我们参加林业论坛，还有市、县各级议会的会议。我们写信。我们发起请愿。我们坚持不懈。

大约就在同时，来自另一阵线的声音也开始质疑沃特科姆湖的水质。县卫生官员就水里的隐孢子虫问题提出了严厉责问，并在有关部门置若罔闻的情况下愤而辞职。当地大学的水流域研究所发布了沃特科姆湖水质恶化的报告。两个月后，其他科研报告陆续出台，向公众保证水是安全的。论坛、委员会、科学家悉数亮相，一时间似乎要有所动作了。

然而在议论纷纷之中听到的是一片沉寂。沉寂背后的问题是：我们到底为什么要抗争，为什么琳达·马伦姆要从自己本职工作中、从单亲妈妈的职责中挤出时间来干这些，为什么费尔黑文的学生要参加县议会会议，为什么谢里琳·韦尔斯忙着写诉状要求终止沃特科姆湖的开发项目，为什么玛丽安·贝迪尔、蒂姆·帕克斯顿和拉里·威廉斯组建了倡议团，希望能募集到足够资金买下整个流域。假如我们如实说为何要对抗开发商、自然资源部雇请的伐木工人以及想在湖周边铺设更多排污管的投资商——假如我们如实说的话，我们就输了。我们将因感情用事而损害了在科学上的可信度。谁都知道这一点。

我们是这么盘算的。有一方是渴望经济效益的，同时又不愿意承认效益带来的负面后果。在这渴望之下的是恐惧——经济不安定的恐惧，失业的恐惧，失去地位、控制力、颜面的恐惧。经济效益、恐惧、否认。另一方则是为捍卫湖区而无偿工作的人们。他们自己花钱复印请愿书、调研、在奥林匹亚[①]召集代表大会。有些人是为自己谋名的，但大多数是不计功利的。他们看见了湖的美、河流的脆弱，以及生态系统与健康、包括他们自身在内的动物的生命之间的关系。他们的思考把这些都沟通起来。他们像水一样思考。

我们明白，生态系统里所有的水体都相通。你在贝灵翰姆随处开一个龙头，流出的水便来自沃特科姆湖。今天我喝的水对于一个世纪以前的移民而言便是汤了，雨水冲刷着林登市外的黑莓地，冲洗着卢米岛上的独木舟和努克萨克人的编织篮。这是海达族和钦西安族的武士从其北方岛屿及沿海村庄一路南下，在俘获了卢米人、萨米人和努克萨克人的奴隶时所目睹的雨水。这是乔治·温哥华船长 1792 年首次驶入贝灵翰姆湾时所见之水。这是亨利·罗德 1853 年为其锯木厂供能的水，是约翰·维切塔勒姆依照“1884 宅地法”主张其部族土地时所要求得到的水，是约瑟夫·普拉科夫教士于 1908 年在新落成的贝思以色列犹太教堂饮下的水，是爱玛·戈德曼[②]同年入监时在牢房坑洼里踩到的水，是哈里·冈本在州街经营其洗衣店时用的水，直到“9066 号总统令”[③]赶走了他。人体有 70％的水，我们的血液里则有 83％是水。我们所住的一方水土，便包含了我们所喝的水。在贝灵翰姆，我们就是奥斯汀溪的水，是卡彭特和史密斯溪的水，是奥尔森溪、比弗溪及布伦年溪的水。我们就是沃特科姆湖的水。诺克萨克河流淌在我的血液里。戴明冰川在我身体里，就如同在贝克山上一样冻结、融解。

可是水也在空气里流淌，蒸腾自海洋湖泊、江川河溪，气化为云，贯穿东西，从阿拉斯加、亚洲及太平洋运行至此，冷却为雨雪倾泻而下。谁拥有这些水？谁拥有那些水？而水在何处能拥有自身？假如你侧耳倾听，水就会告诉你。水以雨

---

① 奥林匹亚：Olympia，美国华盛顿州首府。

② 爱玛·戈德曼：Emma Goldman，美国激进民权运动领导。

③ “9066 号总统令”：(Executive Order 9066)，指二战期间，美国总统罗斯福在 1942 年 2 月 19 日所发布的行政命令，授权战争部长指定特定的区域作为军事区域。最终，该命令为遣送日裔美国人进集中营的政策铺平了道路。

滴、飞沫、气泡、涟漪的形式诉说着代表了地球所有生命之起源的语言。

早期探险家目睹诺克萨克河时写道:"三股分汊河道像女巫勾曲的手指召唤着我们,挑动人们向那屏障般崎岖艰险的山里挺进。"他们相信水之于人有着种种魔力,而他们全然未觉其自身的脆弱。如今我们有了不同的认知。水女巫并没有在召唤着谁,她自行其是。假如我们懂得如何尊重她的流动,那便是一荣俱荣的幸事。

致　克丽·舍洛克[①]

① 克丽·舍洛克:Keri Sherlock,即上文中提到在派顿湖畔遇害的女大学生。格蕾塔·加德在致译者信中解释道:"我每次去派顿湖,克莉总是萦绕在我心中,并提醒我对土地、水、动物以及女人的暴力是密不可分的。"

土地的家园

我在距苍翠的卡斯卡迪亚火山区30 000英尺的高空翱翔，飞越星罗棋布的森林及清场伐区，再经过波特兰和旧金山四处延伸的城市群，最终看到了加利福尼亚的中央谷地。在隆波克附近，我看见洛杉矶导水槽沿着开凿的渠道流经一块块方形或矩形的农田，穿越千橡市和巴伦西亚，越往前越是气势衰竭，最终消失在了圣费尔南多河谷的混凝土渠槽中。我辨认出荒芜的棕色山岭，消防通道纵横其间，两侧则新建有屋舍。我知道那些干燥的绿色及棕色植物庇护着野兔和鸟儿、蜥蜴和蛇类、红色和棕色的蚂蚁、蚯蚓和播种虫。我从没去研究过山坡上那些灌木丛的名称，但我知道其木质植物的气味、尖利的树枝以及强韧的根部可以牢靠地支撑一个孩子的踩踏，使之能从垂直方向攀援到山顶。

着陆时，我体味着那种既觉舒适又觉禁锢的熟悉气氛，每次回乡这样的感受都伴随着我。在20岁准备逃离洛杉矶去读研究生那会儿，我把唱片、唱机、书本、衣物全塞进外婆那台“普利茅斯勇士”[①]里，一路朝东奔向明尼阿波利斯。可是当洛城的灯火在后视镜中逐渐消失时，我意识到，自己所关切的所有人、所有的事情，依然在那里。离开之后那么多年里，我仍然相信，如果“大家伙”[②]摧毁了南加州，那么不论我住在哪儿，我都要飞驰向西，在瓦砾堆里跋涉，直至抵达加州入海的边缘地带，并且投身其中。我是心灵的地震学家，我感到若是没有那些最早的爱，那些作为参照点的人与地域，我的生命将成为毫无标识的漠土。一片空白。

---

① “普利茅斯勇士”：Plymouth Valiant，克莱斯勒公司旗下一款车型。

② “大家伙”：“the big one”，指大地震。

此刻，越接近故地，我越能体认西北太平洋的象征——大马哈鱼，它们离乡、跋涉，再最终返回的英雄壮举，解释了我自身的游走。此前这对于我还不甚明了，可现在随着脚步的接近，这一情愫愈发不可阻挡地召我回到初生的水域，用那气味——最早的记忆，用性欲的生殖活力，一路诱惑着我。经过数千英里的跋涉辗转，经过那么多年月、地域、季节及挣扎的历练——我们终于回来了，大马哈鱼和我，因为我们在别处寻不到我们想索求的，因为我们的生命及我们的未来（如果还有的话）要求我们听从过去。

当母亲关闭“漫步者”的空调摇下车窗时，我总是会飞快地将手伸出去，感受一下沙漠的燥热。对此地空气膜拜般的致意，标志着我们来到了棕榈泉。

夏日傍晚，夕阳沉入圣哈辛托山后，拖长的山影给沙漠谷地带来凉爽，气温从白日最高 115 华氏度降至十分舒适的 85 华氏度—90 华氏度左右。晚间，棕榈谷车道两旁的灯火将棕榈树从根部起照得通明，闪亮的枝叶如变魔法般充当了路灯。我父母喜欢和许多人一样走在步行道上，趿凉鞋，穿无袖衫和短裤，一路顾盼着商店橱窗。父亲时常给我们买冰淇淋蛋筒：给母亲巧克力的，给他自己草莓的，给我薄荷或加巧克力片的。火热而干燥的空气袭向裸露的皮肤，冰冻的冷饮在舌尖融化，我陶醉于这自在的感受中。

假如走到威尔伍德 · 默里公共图书馆时我已吃完了冰淇淋，父母便让我进去，他们就等在外边。我喜欢图书馆那西班牙风格的屋瓦、白泥灰外立面、圆环状门廊、白泥灰内墙那凉爽而粗粝的表面；我喜欢目睹那一排排叠次而列的书，静候着人们带回去翻阅。除有老者流连外，图书馆通常门可罗雀。年轻些的喜欢携家走在街上，逛商店。

图书馆设在棕榈谷道与塔奎兹山谷的拐角处，位于棕榈泉城区的心脏地带。有一次父亲和我驱车直抵塔奎兹谷道的尽头。我们将车泊在山脚并且步行进入谷地，沿循着一条细小的涓流。小溪通往一较大的池塘及藏在山里的瀑布。我们看到在有飞流直下的水塘里，三个嬉皮士正在裸泳，一旁堆着无数个啤酒罐。那个星期早些时候我们还见过嬉皮士在美国银行大楼外面的喷泉里冲淋。我父亲只看了一眼瀑布便折返往下走。走出耳力所及之外时他严词诛伐了那几位嬉皮士及其啤酒罐和垃圾,指责他们糟蹋了自然美景。显然他相信我们的汽车和商店、宾馆和酒店是给沙漠锦上添花的。我们可没把垃圾留在水池旁边。

如果沿棕榈谷道往南,而不是跟随车流蜿蜒朝东南进入教堂城及"幻境牧场",你就能觅得这条路的真正由来:棕榈谷地。棕榈树沿着河谷生长得密密匝匝且随心所欲,不似我们在城里看到的那些。它们从根部开始便有如厚裙边般的干枯叶片,而不是城里那种被聚光灯所缠绕的。土灰色的顶冠之下亦布满已经或行将枯死的叶子。看惯了路旁严格整容的棕榈,乍见谷地里的野生品种,一时还真难以欣赏。在沙漠空旷之感的衬托中,在随时可能遭遇蛇、蜥蜴及土狼的情况下,谷地里的河床和野生棕榈为我们展示了此地昔年应有的景象。

棕榈、塔奎兹、安德里亚斯、莫雷、奇诺——这些山谷环绕着现今的棕榈泉地区,为世界最大的棕榈树聚集生长地,在过去的几个世纪里还一直是卡维亚印第安人的阿瓜卡连特族先祖们的家园。我父亲说卡维亚印第安人曾利用过市区的那些热矿泉。我难以想象如今奢华的沙漠温泉疗养宾馆曾几何时还只是盖着棕榈叶的泥墙土屋。卡维亚人仍领有温泉及周边地块,以及棕榈泉全境纵横阡陌的大片土地。但是除徒步旅行到棕榈谷,或驱车去印地欧庆祝枣椰节外,我们根本见不到这些卡维亚人。

多年后我才知晓,阿瓜卡连特族印第安人的社区在沙漠中壮大了很多,并随着季节的变换而迁徙:冬季靠近温泉,夏季则趋向凉爽且水源丰沛的河谷地带。他们种植西瓜、南瓜、豆角还有玉米。他们所采收的植物和种子,不仅作为食物或药物,也是缝衣及编制篮子的原料。他们猎捕野兔和鹿。他们在峡谷岩壁上绘画、雕刻。他们还讲述关于一个叫塔奎兹的魔鬼的故事,这位恶神住在一座山峰上,并可以让群山隆隆作响。出于很多原因,这样的历史,这种人与我钟爱之地的关系,对我而言至关重要。然而我的父母却以不同的方式追寻棕榈泉的历史,他们看到的并非土地,而是到这片土地来度假、疗养、观日出的白人的历史,还有那些影星的踪迹。

西部移民最初到棕榈泉乃是出于健康原因,母亲告诉我的。温泉和沙漠空气据说可以治疗肺结核及其他多种疾病。我信她的话。我只要患了感冒,在沙漠里待一天就好了。干热、清洁的空气外加纯粹的阳光,那可是万能药。

我可以就着一张地形图寻查到圣哈辛托山断层线纵贯其山后。而高耸的爱德怀谷底里，在群山前沿即环抱着棕榈泉的地带，则可找到圣安德烈亚斯断层线。泉水的热度来自地壳深处炽烈的高温，生命、死亡、康复在这里发生着转换。

有了健康，接下来便需要娱乐了。20世纪30年代的影星们纷至沓来，在这里的阳光下打起了网球，其中包括阿尔·乔尔森、康斯坦丝·贝内特、查理·卓别林、珍妮特·盖纳、拉尔夫·贝拉米以及马琳·迪特里希。有些人要待上一整季，不过也就是从十一月到四月，因为那时没有空调。到了50年代，随着这批明星年事渐高，他们的休闲兴趣从网球转向了高尔夫，而高尔夫球场也一个接一个冒出来。在人行道边可以找到这些大牌演员的名字，确如群星闪耀：利伯雷斯、梅·韦斯特、纳金高、杰瑞·刘易斯、萨米·戴维斯、小艾伦·拉德、霍奇·卡迈克尔、德西·阿纳兹。还有我母亲。

母亲出生并成长于奥马哈，年少时就急不可待地要离开内布拉斯加去做好莱坞小明星。她17岁时第一次造访好莱坞，尽管被迫返回林肯读一年大学，她还是执著于自己的梦。20多岁时她在电影里及舞台上客串些小角色，甚至在一部片子里和"活宝三人组"[①]同台演出。她的玉照展现的是一位金发美人，有一对酒窝，碧蓝的眼睛，尖尖的鼻子，丰满的嘴唇以及平整的皓齿。如果姿色是评判她那个时代女演员的唯一标准，那么我怎么也不明白她为何没能崭露头角。

孩提时端详母亲的演出照时，我便被她那摄人心魄的美迷住了，她完美无缺的体形，骄傲地仰起的头。母亲穿着20世纪40年代的套装或皮衣，或戴帽子或戴着手套，仪态万方地配合着摄像师，她拱起得恰到好处的眉毛以及深红色唇膏使她既可爱而又不可及。在息影后很久她仍用着同样的口红。我时常心驰神往地看着她用唇膏刷勾出其丰满的嘴唇的轮廓，沿着隆起的弧度涂抹着，完成之后再用纸巾轻按一下。

1941年12月7日，当日机在珍珠港投下炸弹时，我母亲正在庆祝她的18岁生日。

---

① "活宝三人组"："Three Stooges"，美国20世纪上半叶著名滑稽演员组合。

我驾着车,可以通过地名来循觅棕榈泉的历史。麦卡勒姆车道记载着约翰·格思里·麦卡勒姆的名字,此公于1884年从旧金山迁至此处,在阿瓜卡连特部落的矿泉附近建起一座土坯房,希望能治愈儿子的结核病。作为第一个白人移民,麦卡勒姆买下了5 000余英亩土地,并命名为棕榈谷移民区。默里峡谷及图书馆则用了威尔伍德·默里之名,后者向麦卡勒姆租借了部分土地,修建起第一家旅馆,那是一座牧场风格的土坯建筑,可容纳26人过夜。诸如阿瑞纳斯、安德里亚斯、贝拉尔多还有蒙隆戈这样的街道名均来自墨西哥及阿瓜卡连特居民。奇诺峡谷以佩德罗·奇诺命名,这位阿瓜卡连特巫医活到了120岁,不过大多数人只是将这条峡谷视作通往棕榈泉高架车道的线路。

随着城市向西南扩张,影星的大名成为地名主流。首先是吉恩·奥特里步行道,接着有了弗兰克·西纳特纳车道、鲍勃·霍普车道,再后来他们最喜爱的休闲方式也悄然而入:高尔夫俱乐部车道、乡村俱乐部车道、黛娜海岸车道。据最新统计,当时沙漠里有超过80家高尔夫球场。如今开发项目已继续向东南转移,跳过教堂城及"幻境牧场",而以棕榈沙漠为中心。人们到沙漠来欣赏花儿和翠绿的高尔夫球场,还有大饭店里炫目的喷泉及粉红色的火烈鸟。

就在"风点"公园之外的棕榈泉西北进口处,在111号公路与10号州际公路分道的附近,群山形成的风口如同涡轮机,把强劲的沙漠风力转化为电能,可以为旅馆房间、购物中心及餐馆制冷。虽然与核电、水能或煤炭相比,风力发电是比较可持续发展的,然而当我走进棕榈沙漠的各色店铺时,凉飕飕的冷气环境还是让我的咽喉为之一紧。我哀痛沙漠失去了自身的暖热气息,其灿烂的阳光及宁静,我也哀痛这里的原住民——阿瓜卡连特卡维亚人、土狼、野兔、蜥蜴、蛇、鼠类、红尾鹰及走鹃——是怎样遭受新外来户的冲击的。我忘不了沙尘暴狂野地将广袤绵延的平静沙漠变为尘土与风滚草纠结在一起的涡云的。我也忘不了到了盛夏时节,在所有公路的突陷处和沙漠的低洼处都隐匿着粼粼的积水,并构造出海市蜃楼的幻象来。

在沙漠里的最后一夜,母亲和我去看《棕榈泉荒唐事》,这是一出针砭时弊的音乐舞台剧，在棕榈谷车道早先的广场剧院上演。母亲听说剧中所有的演员和舞者都是年届五旬、六旬、七旬甚而八旬的老人。这令她很振奋。她要所有人明白衰老并不一定意味着精神、风格或是能动性的丧失。对于我而言，这不过是加利福尼亚那种迷恋青春、看重外表的文化的重新包装，这里人人过了 35 岁都做去皱整容、都忙着染发。我答应了去看演出，准备好了去跟一帮扮嫩的老头子老太婆们过一个晚上。

出乎意料的是，这场表演使我面对面地接触到上世纪三四十年代的欧裔美国年轻一代。“娱乐至上”（“There's No Business Like Show Business”）及“里兹风范”（“Puttin' on the Ritz”）中的舞蹈演员唱着欧文·柏林的歌，向我们展示了好莱坞音乐剧时代的美轮美奂。女演员戴着大如其身体的头饰，扮作树木、巨花、动物、斯芬克斯以及皇后。大萧条时代的穷困可以在“记起我那被忘却的男人”和“大哥，能给个角子吗?”这样的歌里忆得。但表演真正的活力还要归功于 40 年代的曲子，当年这些达到法定年龄的青年演员随着“周六夜晚的唱机”和“两点开跳”而翩翩起舞。他们热情张扬而天真的舞姿随着战争的经历而戛然而止。

那个时代的种种偏见和迷惘此刻又如 60 年前那样不无骄傲地再现出来。“Sayonara”[①]是由一个白种女人迈着夸张的日式小碎步表演的，而其他打扮成“东方人”的白人姑娘则和着“大篷车”的音乐充作了“莎乐美”[②]。幕间休息时，主持人便说些笑话，关于爱尔兰天主教醉鬼的，关于胖子的，关于性歧视的，关于印第安人的。母亲便偷瞥我一眼，大概希望我们之后别再提这些段子。接着主持人会请出观众中最年长及最年幼者——87 岁和 15 岁。他对 15 岁的孩子说：“我敢打赌你不会赞同这些笑话的。你们这代人不会说这些了，它们在政治上不正确。嗯，我们这一代可没你们那些四字母或五字母的词儿[③]。想都不会想。”

他们想的就是打一场世界大战。在“哦，真讨厌早上起床”以及“这就是我的部队，琼斯先生”此类歌曲里，我们看见的是整装待发的青年男子。音乐剧里的曲

① “Sayonara”：源自日语的英语单词，意即“再会”。

② “莎乐美”：Salome，《新约》中希罗底之女，受其教唆通过挑逗性舞蹈诱惑希律王把圣约翰的头颅给了她。

③ 根据作者本人的解释，“四字母或五字母的词儿”指与人身体或性器官有关的脏词。

子例如“你绝非独行”和“别坐在苹果树下”展现了年轻的女友、妻子、母亲的体验，她们焦急地等待着她们的战士。演出在一片星条旗的热舞中达到高潮，这份音乐杂烩融合了“共和国战歌”、“上帝保佑美利坚”以及“美丽的亚美利加”，且全体演员身着红、白、蓝色衣装悉数登场。一门加农炮放低了其阳具般的炮筒，并喷射出红、白、蓝色的彩纸屑。在《星条旗永不落》奏响时，纸巾折成的星星和飘带洒向观众，于是容纳 350 个座位的剧院里的所有人都一跃而起，将满腔的爱国热情都唱出来。而当身穿海、陆、空军及陆战队制服的舞蹈演员随着最后的乐章阔步进入时，观众的叫喊和掌声也到达了疯狂。

我静默地站着，意识到了我身处何方，与何人在一起。

这些人就是 20 世纪头 50 年的化身。

他们是笃信美国神话的一代。

他们创造了分离式自动饮水机、原子弹、日俘收容所、滴滴涕，还有《知子莫若父》及其一大堆跟风剧。

他们成长于喧腾的 20 年代，捱过了大萧条的岁月，成年于二战时期。

他们献身于职责、荣誉，献身于对家与国家的爱。

对于效忠誓词他们仍扪心诵读。

当他们死去时，他们的人生经验也随之而去。

这些便是我的父母一辈。

山腰由花岗岩构成，还有巨石和干燥多尘的土壤，而松树偏在这高耸的绝处安了家：我最早的记忆便是此地。在这里，我能看见父亲沿着一条陡峭的泥土小路攀登，并向母亲和我挥着手。他在巨石间敏捷地穿行，走每一步都自得其乐。在这些记忆中，我父亲有着一头浓密的深棕色卷发，而我的头发则比较稀，色泽也较淡。15 年后角色互换了，我在他癌症的最后阶段安抚着他。之前的那些年里，他工作得太辛苦了，一周干七天，一回家就匆忙地与我们吃饭、遛狗，然后倒在躺椅上看几个钟头电视便沉沉睡去。我崇拜他。我渴望着他。和他在一起的时间总是不够。他总在工作。

在塞拉斯高地(High Sierras)间，他却能开怀大笑。当他抱起我让我坐在他肩头时，我就登上了世界之巅。

在很长一段时间里，我都以为那些砾石、山峦和参天巨松只是我悄然藏于内心的幻象，梦中之物而已。我谁也没有告诉。之后我找到了摄于两周岁那年的六月湖、剪成扇形的黑白照。梦幻是不能留影的。这些照片上有母亲工整的书写：塞拉斯高地。多年后我借来一台旧的十六毫米电影放映机，母亲则寄来成卷成卷的家庭录影。瞧啊，其中就有我梦中的风景：清澈的高原湖，背景是花岗岩山，高大的松树、蓍草及鼠尾草勾勒出山的轮廓。我一遍遍地随父亲飞快移动的摄像镜头浏览着小镇，试图能瞥见什么记号，任何可以告诉我这是什么地方的东西。然后我看见了，在旅馆上方的标牌。“六月湖”。

我如同孤儿寻亲一般重返六月湖。我回去寻找出生在那里的我的一部分。

当传教士佩德罗·冯特（Pedro Font）于1772年画下西边山坡的草图时，他将其命名为 *una gran sierra nevada*，意为白雪皑皑的大山。当我父母亲用 High Sierras① 一语时，它便有了神秘与尊崇的色彩。我以为那是我们对一片无人知晓之地的秘密称呼。然而“塞拉斯高地”其实特指塞拉斯山脉的高寒地带，在主林区之上，一般要超过海拔8 000英尺，很容易观察到其山峰、湖泊、盆地及其他岩石构造均受到冰川的蚀刻。“塞拉斯高地”意味着岩石。

我驱车从西雅图出发，沿高地东侧的美国395号公路去往六月湖。莫诺湖四周是荒芜的盐滩，凝灰岩造型奇诡，比我魂牵梦绕中的那番景致还更像月球表面。原路返回已经太迟，同时我也意识到在自己的期待中，六月湖应适时保持着封冻，如同一只雪花玻璃球，摇一摇便可栩栩如生。而现实中的六月湖或会击碎我的梦想。

行至李文宁镇，即过了通向泰奥加隘口及图龙尼草甸的岔口时，车道便开始一路向上。四周寂静、干旱、枯焦，明显是高原沙漠的地貌。只有花岗岩石砾间少许挺拔的松树点缀于半山腰上。我凝神屏息，小心翼翼地折向西面的六月湖连接线。道路向下一沉，转而又开始了一段长而渐缓的上坡路。高大的松树与我近些

① High Sierras：即前文提到的塞拉斯高地，冯特命名中的 sierra nevada 即现在的内华达山脉。

年看到的迥然不同,起先疏疏落落,接着便密密匝匝地生长在一起。我喉头紧了紧,重又屏住呼吸。脑海中的景物开始一一现形。经过"惊叹岭"的指示牌后就抵达了山巅,一汪碧湖赫然在目。

站在"惊叹岭"上,目光可以直接越过六月湖盆而抵及海拔10 909 英尺的卡森峰及其光滑而庇护一切的花岗岩山肩。湖南面和西面的山峦覆盖着森林,但湖的北部地势稍低,岩石和蓍草比松树更多见。在八月下旬的那天,六月湖的所有色泽在澈蓝的山区天空日光之下都显得格外分明:松针的墨绿与金黄、鼠尾草的灰蓝、花岗岩石的雪白、林下灌木丛的焦橙与棕褐,还有蓍草和金雀草的黄花。

延伸进小镇的公路要翻过另一道小山岭并取道湖的南边。一块上书"六月湖——人口 614——海拔7 650"的指示牌立在两巨石间,一块压着另一块,宛如那种老式的双球冰淇淋。六月湖小镇有三个街区长,两条短马路通向另一小块客栈及汽车旅馆区,那里连接着六月湖和鸥湖。除几家旅店和汽车旅馆外,小镇还拥有一家杂货店、"山地之家咖啡店"、"虎牌咖啡店"、"鸡尾酒吧"、"六月湖汽车行"、"欧尼滑雪装备店"、一家录影带出租兼冰淇淋店、一家房产中介、消防站、一家公共图书馆和社区活动中心。从主干道走下来就有两片野营地。

我走在六月湖镇里,迫切地想找寻与在家庭电影里看见的完全一致的地点。我家是在哪儿?父亲第一次带我去远足走的哪条小路?我半闭着眼打量着每栋楼房。我眯缝着眼,仿佛我可以将 40 年前的小镇叠加到现在的镇子上。

我在杂货店翻到了一本名曰《马蹄峡:环六月湖简志》的平装书,贝蒂·比恩编撰,这是在史学家玛丽亚·库姆斯建议下,由"环六月湖女子俱乐部"赞助出版的。书的背面完全是空白。没有名作家的溢美之词,没有人夸赞其文档整理得一丝不苟及对史学家的重要意义。没有值得大书特书的编者传记。不过书的封面倒是印着"平衡岩"的冬景照,树木和砾石都覆盖着皑皑白雪,前景则为狗拉雪橇队及其车把式。书里有不少素描插图,画的是山坡和云层、滑雪者和垂钓者、雪中的狐狸、各种活物的足迹。这是那种仅为发现之乐就会使你笑逐颜开的书。

那天夜晚,我蜷缩在"平衡岩"外的小木屋里,捧着贝蒂·比恩的书,读着六月湖的历史。

借助《马蹄峡》和一张地形图，我得知六月湖是环湖路围绕的四个湖中最高的。马蹄峡的整个曲线都是由“冲溪冰川”塑造的，巨大的冰体形成了今天六月湖的位置。“冲溪冰川”在极盛时期（更新世）扩张至24平方英里，其输送出的冰流一直抵达莫诺山谷。河水循着冰川的路径从六月湖经鸥湖注入银湖，水流向着而非远离塞拉斯高地，这一奇特现象被称为“倒流溪”。

在冰川之后，人类开始塑造地形。起先，派尤特人居住在东塞拉斯高地，从杰弗里松林采食块茎和松子、松毛虫，从莫诺湖采集苍蝇幼虫。派尤特人因其食物而被北方部落称作“曼纳什”，或“蝇人”。他们利用在莫诺火山口和格拉斯山区找到的光滑的黑曜石来做箭头，采集柳条编制篮子。

贝蒂·比恩没有解释派尤特人的生活方式是如何终结的。

最早到该地域来活动的白人是美国的测量员。19世纪70年代开展了大规模地质调查运动，六月湖的美名也就是在此时不胫而走。垂钓爱好者从帕萨迪纳往北驱车三天到达六月湖连接线，再步行进入河谷。1915年冲溪上开始建电站。1917年，电站职员罗伊·卡森办起了第一家私人度假村。1921年，他的朋友弗兰克·刘易斯骑马登上该地区最高峰，插上美国国旗，并且用罗伊为其命了名。1924年美国林务局修通了从公路下到六月湖的土路，之后电站的工作人员又将路推进到了银湖，于是夏季度假村在湖区纷纷冒了出来。渔猎局则在弗恩溪旁建造了鱼苗孵化场，每年可产百万尾鳟鱼苗。渔业带动了城镇的发展。

我一边读贝蒂叙述的历史，一边试图寻找是从何时起事情开始变得不对劲了，从何时起六月湖的新居民开始向这片土地索要得太多了。是1924年么？那一年石油大亨麦克米伦先生在湖景大道旁修建了自己的休养别墅，还雇了个日本管家，以让麦克米伦太太悉心待客。是1928年么？那一年欧文斯河谷工地的工人开始住在了六月湖一带，常常惠顾达姆布罗斯基先生的“猪场”，实为本地的红灯区。抑或1935年？那一年洛杉矶水电公司在这里修造了第四座湖——格兰特湖，用来为洛杉矶渠槽贮存并输送更多的水。是否还能从冲溪电站建的第一幢楼算起呢？现在归南加州爱迪生公司所有并管理，负责向加州南部及内华达部分地区供电。或许要一直往前算到那些垂钓者头上去，如贝蒂·比恩所坚持的——“都是那些抓鱼人的贪婪，才真正导致了环湖带的开发。”或许还要向前追溯，归咎到第一个白人勘探员那里,要不干脆就找佩德罗·冯特本人算账吧。

向六月湖索要太多的这些人,也以自己的方式爱着这里。上世纪 40 年代,湖区出了一位本地诗人贝尔-巴伊特·哈特利(Bear-Bait Hartley),他围着一只旧木炉吟唱自己的诗,往往一杯咖啡或是一块自己做的馅饼便能使他诗兴大发,为此还出了名。他长达四十九节的诗"环六月湖"作为为数极少的地方志之一全文印在了贝蒂的书里。50 年代,本地人斯图-波特·斯利姆成为洛杉矶最棒的匠人。"搅水泥、砌砖,反正建筑公司的普通业务他都是一人包揽,"贝蒂·比恩写道。1963 年"环六月湖女子俱乐部"成立,并有了一个十年发展计划,意在筹资建立一所社区中心,并请玛丽亚·库姆斯负责收集编撰地方志的材料。

贝蒂·比恩并没有提到我的父母,我得自己去寻找他们的历史。

杰弗里松生长在海拔5 000 至9 000 英尺的高山环境,在内华达山脉东麓的加州一侧是独一无二的。成熟的杰弗里松可达 60 至 170 英尺,离地 20 英尺处开始蔓生旁枝。当杰弗里松单独成片生长时——六月湖周围随处可见——便会形成稀疏的、但枝干极为醒目的林子。杰弗里松树皮闻起来带有香草的味道,那种温热、带有一些焦味的香草,或有点像苦杏酒。我一有机会便将鼻子凑在树皮的裂隙中,吸纳着树的温润的芬芳。

这些树的一切都让我惊叹。我仰视其高高在上的树枝,看见光滑的松针团簇着宛如一把把啦啦球,包围着成双生长的松果,后者足有香瓜那么大,像极了小圣诞树,既厚实又丰满,每一块外壳片上都有内弯的尖刺。

在这些有着香草芬芳的松树林里,我也认出了伴随童年的树。

只剩四天时间来探察环六月湖地带了,对于所有也许能打开我记忆之门的地方,我都很想看一看。这仿佛收到了基督降临节的卡片,每张卡上的小门都领着我们日益接近圣诞节。每一天我都希望着这就是我期许的那一天,打开那扇小门,就能发现父亲好端端、笑吟吟地站在门后。

假如我父母来这里度长周末,他们肯定每天都会跑出去,在周边地带探寻。我借助公路地图和地形图选定了猛犸湖区。此地商店与远足活动相结合的业态似乎正对我父母的趣味。

在猛犸湖区，记忆在每个拐弯口都向我敞开。瞧，母亲和我就跪在那块“地震断层”的标牌旁边。她头系白丝巾，也让我系了条粉红色的。我们都笑眯眯地招着手。当我走过山涧独木桥时，我又看见了我们。就在这儿，我在灿烂的阳光下灿烂地笑着，围巾已经不在了，我的布娃娃也在摆着手。

走过这片记忆的风景，我发觉虽然所有相片都聚焦于那个两岁的小女孩，但我总在试图捕捉我母亲的眼神。此刻的我比那次旅行中的母亲还要年长些，我能够自由与她交谈。“把围巾解掉吧，”我想对她说。你的头发就是阳光的色泽。风儿也想亲近你。还有泥土和石块，它们懂得你的身体。在这里什么也不会伤害你。

我乘坐公交班车去圣华金河冲刷形成的那座山谷，于是另一扇小小的门敞开了。我看见父亲站在“魔鬼柱”(Devil's Postpile)的底部，这是一块 300 英尺长、200 英尺高的巨岩。他正在向两岁的我解释，玄武岩如何由火山喷发而形成，那是在很多很多年以前，喷发出的熔岩冷却后形成了现在的岩石。然后冰川，即移动的巨大冰体，将已冷却的熔岩切下了一边，于是我们就看见了今天这些高耸的六边体石柱。

他跪着，一只胳膊搂着孩子，将她的注意力引向“魔鬼柱”以及已经破碎、倒伏在其底部的石柱那里。“柱状玄武岩，”他仔细地讲解道，同时捡起一块石头以让她触摸。小小的手指摸了摸石头，又摸了摸父亲的脸颊。当他站起身时，她看见他的头与“魔鬼柱”的顶部一般高。难怪她同时用双臂向他要求道“抱起来！”

忽然间我看到了另一处火山构造，那是在怀俄明州的“魔鬼之塔”的石柱及断裂带。循着记忆的手指，我又触摸到了岩石的粗粝表面。我感知着它的辐射能。接着我继续腾挪，不假思索地攀援，踏足岩石的第一步感觉便决定了我的行动。我的手与臂向上伸展，指尖搜寻裂隙中的抓手，紧贴着岩缘，将脚趾侧向挤进岩缝，再挺直双脚以让自己站立起来，同时双手插进岩壁裂隙再紧握成拳，扭动着固定到位，然后我便向后仰于空中，摇动着，把自己整个身子的重量都托付给了这与岩石紧紧咬合的关系。

最终，我还是坐在了父亲的肩上。

我站在“魔鬼柱”底部，思索着当年那要直立向上的欲望有没有在此生根，在冷固的熔岩里，在与粗粝的岩面以及长着须茬的脸面的接触之中。

我父亲从不谈那场大战。在他过世后，我在他钱夹里发现了压膜处理的缩小版光荣退役证，他随身携带了30年。从1942至1946年，他在菲律宾南部当五级技术兵。证书还列出了他在“别的军事占领区”充当“娱乐专家”。我父亲曾获优良表现勋章、青铜箭头奖章，此外还两次赢得舞台表演绶带。

父亲成长于大萧条时期，在三个孩子中排行老二。他出生之后不久祖母便离婚再嫁了，并与新夫又生了一个女儿。这个新组建的家庭无力抚养三个孩子，便将大女儿送到其祖父母那里，而我父亲也是在寄养家庭里长大的。他在小学里成绩时好时坏，随着颠沛流离而起起伏伏。但到了中学，父亲对写诗萌发了兴趣，也开始参加学校的演出活动。毕业后他写了几个剧本，并在明尼阿波利斯市中心的剧院区登台表演。二战时他入伍从军。他在20岁时已经和初恋艾丽丝成婚。他的参军照展现的是一个眼睑厚重、棕色眸子的小伙子，长着蜷曲的深色头发。

1952年他邂逅我母亲时，他俩都在为进出朝鲜战场的部队演出。在结婚以后他们慢慢收起了年轻人的梦想，担起了成年人的职责。他们去教堂。他们生孩子。我父亲做起了房地产生意。

海德尔堡酒店坐落于六月湖南岸坡地、主街与湖景大道之间，最初在1928年5月开张时名曰“六月湖枪械俱乐部”，但渐渐地人们只知其为“六月湖旅馆”。它那由原木搭建的门厅可算是世界上最大的四边壁炉了，中央一石砌结构足有两层楼高，环绕其顶部装饰着各色鹿头。旅店有50间客房，同时在附近筑有小屋让客房管理员居住。大厅墙上贴满了照片，既作装饰，又使得当年旅馆蓬荜生辉。上世纪40年代，它就像磁石一样吸引了众多大牌明星如贝蒂·格拉布尔、巴斯特·基顿、萨姆·戈尔德温、吉米·杜兰特、英格丽·褒曼以及查理·卓别林。弗兰克·卡普拉对六月湖尤为钟爱，还在那里买了一座小屋。这家旅店在电影《乌托邦之路》开拍时招待过其演职员鲍勃·霍普、宾·克罗斯比、多萝西·拉穆尔；六月湖周边在影片中充作了阿拉斯加地域。六月湖还被选作《野性的呼唤》的场景，其中的影星包括克拉克·盖博、洛丽泰·扬以及多萝西·拉穆尔。

我想:这由原木劈开而打造的宽阔楼梯、豪华的门厅以及众多影星的光顾,一定是很吸引母亲的。我想:只要能把母亲带到山区来,父亲是会不惜代价的。只要觉得舒适,母亲就会高兴起来,而他就可以问心无愧地去远足、垂钓了。随着年岁增长,去死谷、卡楚玛湖和大熊湖的野营活动越来越少了。母亲不喜野外因陋就简的生活,而父亲一周要工作七天。有时候父亲和我单独去野营,我很珍爱这样的旅行机会,倒不只因为可以在山间远足,还有那些一盒盒的玉米花生糖、一罐罐的奶油苏打汽水,父亲总是把它们藏在睡袋里,作为我们的特供夜宵。

我在六月湖旅馆门厅里按响了前台服务的铃,内心渴望着父亲,渴望着那份对土地与松木的爱恋,仿佛这份爱就是拴在我俩之间的绳缆。也许旅馆保留了这么多年来的入住登记册。我很想看一看父亲龙飞凤舞的手迹,从其签名而触摸到他放手臂的地方。

接待员是个50多岁的秀丽妇人,很乐意谈话的样子。是的,旅馆在上世纪70年代改造过,如今这是一幢分时度假别墅,有很多回头客。她说,旅馆在经营管理上也不遗余力地保存其历史。她朝我捧着的地产卷宗点点头说,许多孩提时代来过的人现在成了度假村的业主。我感到自己的心思被发现了似的——诚然,这正是我在房产公司门外拾起广告单时的第一想法,但价格让人望而却步。她并没有觉得意外。开发商将猛犸湖区变为蜂巢般的公寓楼与商店,他们手里的土地资源行将耗尽,这位接待员告诉我,而来此地度假的需求仍然居高不下。开发商纷纷抢购环六月湖地块以兴建更多高端公寓房。主干道上已经有一些新式小区行将竣工,这些住宅每间身价达50万美元,可以俯瞰湖景,号称"豪华乡舍"。六月湖周围的土地将在五年后售罄。这位前台接待员在旅馆的服务只是她的一半工作,另一半则在房产公司。能在这么炙手可热的产业里哪怕有个打下手的活儿,她也感到十分幸运。

颇为不快的我谢过她走了出来。花岗岩巨石、薯草和金雀草黄色的花儿,鼠尾草银蓝色的花儿,还有那似要拥抱我的杰弗里松,都无言地招呼着我。就在一个世纪前,派尤特人被驱离了这儿的山区。而今,六月湖作为一个可以捕到大鱼、可以由洛杉矶驱车向北三天到达的地方的历史,正由开发商一手抹去。我正赶上来见证另一个时代的终结。这是一种我无能为力的变迁。

那天下午，我从老鱼苗孵化场的背后攀上了弗恩溪小道，准备徒步去弗恩湖。走在上山路上，奖励我的是银湖、鸥湖、六月湖甚至是莫诺湖清澈的美景。到了弗恩湖的沙滩，我坐下来给群山画素描。我看见岸边的浅水地带有小虹鳟鱼在游弋。我身后有花栗鼠飞快掠过，而树林里的松鼠则一边吱吱叫一边扔掷着松果。我倾听山杨树叶的低语，听弗恩溪忽急忽缓向下流进山谷的跃动。深红色的钓钟柳发布着五彩的讯息。在我靠背的那根原木旁，色彩亮丽的鲁冰花与我脱下的紫色羊毛袜相得益彰。我还到处能闻到松树、水以及阳光照耀下的泥土的暖洋洋的芳香。

那天的徒步旅行，我并没有发现父亲的踪迹，倒是领略了塞拉斯高地静谧的美，衬托它的是湛蓝的天空，雄起的花岗岩山峰，以及有山地刺柏、红杉、白杨、杰弗里松环绕的高山湖。这一景象便是等候在卡片中最后一扇门之后的。而当我打开门向里面张望时，我看见了小小的镜子里我自己的影像。

我的父母亲最终发现，他们的梦想已然转变为空间场域，他们在这些地方可以成为他们想成为的人。在棕榈泉，母亲像影星一般生活着。在塞拉斯高地，父亲则发现了一片静谧，竟比横飞的炮弹、叮零作响的电话机以及一帮充满期待的观众的嬉笑怒骂的寂静更加深沉。而通过这些场域，父母也与我分享了他们自身的一部分。

如同我秉承了父亲的棕色眼睛、鬈曲的头发，抑或母亲丰满的嘴唇，这片土地也是我的血肉、骨骼、毛发以及呼吸的先祖。当我端详着母亲颇有明星范儿地斜靠在躺椅上时，我看见沙漠地带褐色的山峦似裹挟在她天鹅绒长睡衣的皱褶里。而在那杰弗里松、山里的花岗石和玄武岩之间，则让我触及了父亲长大的臂膀。

因为有这片土地及我的父母，才造就了我。

第二年　场域与工作场域

我们轻易地来到了新的饥饿之境。
来自黑暗的土地　　那些个发光体
来自遭损坏的水　　土壤与肉体
那样一种损坏
从身体与土壤中传出的缓缓的厉叫。
某种沉重之物在阴影中穿行
某种半昧之物似要露出头角
　　在漫漫旅途中　　漫漫长夜
在核污染的雨水里
滥用的古老土地已无谷无棉
似如一管风琴音在我们体内升起。
除我们共同的命运外已不存在生命。

——梅里尔·勒叙厄尔(Meridel Le Sueur)，
“求寻我们母亲重生的故事”

沃特科姆溪

贝灵翰姆小城孕育在水域交汇之地，沃特科姆溪清冽的流水在此经过第六也是最后一处瀑布后便汇入贝灵翰姆湾的咸水中。1853年，当欧裔美国人亨利·罗德和J. E. 皮博迪决定在此地建锯木厂时，他们从卢米人首领乔维特齐特那里学得“沃特科姆（Whatcom）”或“响水”之名，还接受了他赠予的诸多瀑布及周边土地，尽管该地未必是他所能赠予的。可这也就是霍利街大桥下面的水，陷入了水银密布的淤塞中，沉积的泥沙里则充斥着二噁英。

正如淡水汇入咸水，贝灵翰姆的文化与城市历史在这里也发生了交汇：美洲原住民与欧裔美国人、亚裔美国人、非裔美国人、墨西哥裔美国人。继罗德-皮博迪锯木厂投入运营后，欧裔美国企业主纷纷雇佣工人到山区采矿，到山脚采石。渔业公司和罐头工厂于海湾周边建立起来，从1901始雇用了上千中国劳工，直至1905年西雅图的埃德蒙德·史密斯发明了绰号叫“铁打中国佬”的机器来取代他们。1906年12月，100名黑人劳工搭乘运货车厢到城南安顿了下来，他们是从南方运来的，任务是扩建贝灵翰姆和温哥华之间的铁路。白种工人并不乐见纷纷涌来的廉价劳力。时至1907年1月，铁路工人群落已被迁到了贝灵翰姆最北边的弗恩代尔郊区。六个月后，一群400至500之众的白人暴徒趁午夜将数以百计的锡克教锯木工赶出寄宿公寓，工人们只得穿着睡衣栖身C大街和霍利街下面的滩涂地带，等候从奥克兰、西雅图和温哥华来的早班车带他们走。至1910年，仅有56个非裔美国人在贝灵翰姆留了下来，生活并工作在最靠近沃特科姆溪河口的那几个称作“老城”的街区。

和其他在沃特科姆溪安家落户的族群一样，欧裔美国人内部也为种族、宗教、经济等问题争斗不休。1926年，当欧裔美国人的郁金香节组织者好不容易阻拦住三K党趁节日游行出动的企图后，仍有逾780名三K党成员纠集了一英里长的队伍，从康沃尔大街出发走过圣母升天堂，意在公开挑衅天主教和非裔美国人。时隔三载的1929年，贝灵翰姆市长约翰·凯洛格在鹰厅的一次三K党集会上致辞，还向其头目送上了城市钥匙。这已成往事？非也。1994年在沃特科姆县季节雇农驻地，一座木制十字架被当众焚烧。此次事件倒促成了多民族和解，人们希望在跨越种族、阶级、性别及性取向差异方面捍卫人权。能团结在一起并非易事，但我们正在学习。

都市的历史记录也告诉我们，凝聚在一起是多么不易。如今的贝灵翰姆曾经包括了四座城：北部的沃特科姆和费尔黑文、海湾南端的塞霍姆以及中部的贝灵翰姆。随着城镇的发展，曾经泥浆没膝的小道和马路，也铺上了厚木板或改建为通行能力强的铁路；城市合并进程开始了。1889年也即华盛顿地区建州的那一年，费尔黑文和贝灵翰姆并作费尔黑文。塞霍姆和沃特科姆成了“新沃特科姆”，但新不敌旧，很快又叫沃特科姆了。1903年，沃特科姆和费尔黑文并为贝灵翰姆。今天的“沃特科姆”可同时指沿海湾的2 180平方英里的土地、卢米语、欢腾的溪水及同名湖泊。“贝灵翰姆”可以指一位英国海军军官、一大片水域、不复存在的历史名城以及一座有66 000人口的现代城市。言即其意。在这里，在贝灵翰姆，你在说水面的时候无法不谈陆地，说山的时候无法不提树，说大马哈鱼时不能回避鹰，说人类的时候又怎能撇开自然，撇开意义。意义如水一样蜿蜒曲折。*E pluribus unum*[①]？当你说到美国人，当你提及贝灵翰姆时，这些语词便是在流动的。

在沃特科姆溪畔的罗德-皮博迪锯木厂于1873年毁于火灾后，亨利·罗德将厂址卖给了堪萨斯州的一个团体，后者拟建设一个乌托邦聚居区，可是这个乌托邦与它想要改造的文化有着同一的经济基础。这群人顺利建起了一座锯木厂以及一座长达一英里、直伸入贝灵翰姆湾的码头，可是他们也遭遇了麻烦：罗德此时因对锯木厂址的所有权官司缠身。本地经济陷入萧条，堪萨斯团体大举迁居华盛

① *E pluribus unum*：拉丁语，合众为一。

顿州的计划也遭搁浅。1883 年，罗德又做了一次努力，将土地捐献给市政府作为未来公园用地，由此也放弃了瀑布周边 4.5 英亩地块的权责。然而该水域及土地很快成为欧裔美国人倾倒垃圾的场所。排水沟通入并跨过沃特科姆溪，阻碍了大马哈鱼洄游至其产卵地；溪岸边则垃圾遍地。尽管很多人痛心于水资源遭掠夺，也一再呼吁种植树、灌木及草皮，但沃特科姆溪下河口一带仍挣扎在废物堆中。1947 年，市政府在这片充斥着垃圾的地面上建起一座污物处理厂并投入运营，到 1974 年时还有过一次扩建。之后有了一家新的鱼苗孵化场，溪水得到净化，人们还架设了鱼梯，可以让大马哈鱼越过污水管道。于是为数不多的幸存者——野生以及就地孵化的大马哈鱼，开始洄游到它们在沃特科姆溪的原生地。

溪岸公园的重新整饬于 1990 年动工，其时“努克萨克大马哈鱼促进会”清理了两岸的废物、垃圾和黑莓荆棘丛，并种上了多种本地植株：红柳山茱萸、黑山楂、努特卡玫瑰、锡特卡花楸、延龄草和蔓虎刺、太平洋柳和大叶鲁冰花。如今，学校老师和家长常常带孩子来认识植物。这里的长凳宛如真原木大小的林肯积木①，一根两端刻出凹槽的架在两根中间留有凹槽的原木上，果然是休憩、学习和凝望的理想去处。

9 月初的这天，我站在连接了沃特科姆第十三大街与塞霍姆的霍利街的那座桥上。曾有近一个世纪的时间，桥下倾倒了无数木浆、污物、垃圾，另有约半个世纪时间这里又遭垃圾的反复填埋。在我身后南边的“佐治亚太平洋”又是一家依赖木材生存的公司，但它除生产纸巾外其他的业务都已偃旗息鼓。在溪岸断壁下方的平地铺种了一排排的草皮，于是碧绿的草坪覆盖了原先满是泥沙的三角洲。霍利街上的公园入口处矗立了一尊杰勒德·伝川(Gerard Tsutakawa)的喷泉雕塑作品《汇流》。银色的雕塑上端尖窄，往下渐宽，基部撒布着河里的岩砾和卵石，水流源源不断地从两条舒展的银色腿间落下来，这一充满动感的作品不啻是对沃特科姆溪的丰饶女神的献礼。

再往上游行进，在邮局和县艺术馆下面更接近瀑布之处，有一座 20 英尺高的图腾柱，其作者是伦米族木艺家朱厄尔·詹姆斯和查-达-斯卡-顿·维奇-塔-伦。

① 林肯积木：Lincoln logs，著名儿童积木玩具品牌，其中的 log 原意即“原木”。

这一雕有乌鸦、“大马哈鱼女神”、熊、虹鳟的图腾柱是1997年在沃特科姆溪边竖立起来的，以向大马哈鱼保护工作者致敬。图腾上刻画的“大马哈鱼女神”的故事还包含了一个警告。根据那个传说，大马哈鱼女神和乌鸦相互救过命，成了亲，并返回乌鸦的部族，那里的人们正在河口地区忍饥挨饿。大马哈鱼女神用自己的孩子喂养乌鸦及其部族，但警告道，不能把她的孩子带离产卵地。有很多年里大马哈鱼都会来到村庄，村民们谨遵大马哈鱼女神的嘱托，据其所需而捕食。可是熊族破坏了对大马哈鱼女神的承诺，到产卵地捕食，于是大马哈鱼死了：当熊族把手伸向大马哈鱼的每个品种时，所有的种类都灭绝了，并漂向下游。乌鸦赶到上游去阻止熊，就在熊准备捕捞最后一尾大马哈鱼——虹鳟时，向他撒了一把黑色粉末。从此以后，大马哈鱼女神只允许一次只有一种大马哈鱼出现在河里，而只有虹鳟才能在产卵后返回海洋。图腾柱上的“大马哈鱼女神”抓住两尾虹鳟贴在胸乳之上，泪水滚过了她的脸颊。

许许多多的文化里都有这样的传说故事：神舍生自己的儿子、女神舍生自己的孩子给人类，因为人或许是要得到宽宥的。而在许许多多的文化里，人类总是滥用神的舍予，贪得无厌，无视他们与神订立的契约。在谢尔·西尔弗斯坦(Shel Silverstein)的图书作品《爱心树》(*A Giving Tree*)里，树就是不断给予孩子一切的母亲——树荫、可以攀爬的枝条、可以吃的果实、可以建屋的木材，而最终还有可以安坐的树桩。人类还能向这慷慨施予的河流索要多少时间，且还能得到宽恕？伦米族木刻家在此竖立图腾柱，为向溪流致敬，向大马哈鱼致敬，为了彰显他们的古老传说是如何证明了他们与土地的联系、他们文化的长存，也为了教育这片土地的外来居民：应该如此善待大马哈鱼，应该如此善待土地、水、动物。假如我们希冀继续生活下去，假如大马哈鱼还是要重返故地的，那就绝不能在产卵地乱捕滥捞。

从特定的角度看，当图腾柱出现在银色的钢制雕像身后时，“大马哈鱼女神”与《汇流》似乎合二为一，相互辉映着，这既是对远古生育崇拜形象的重新塑造，同时也提供了与反映马耳他-克里特女神文化传说的艺术品的比较。两件雕塑品都尊崇水的丰饶。两者都召唤大马哈鱼的回归，召唤这片土地上的繁衍。

在今日的沃特科姆溪沿岸，人们仍热衷于捕捞洄游的大马哈鱼，对于两座雕塑视若无睹。在沃特科姆溪，奇努克和银鳟[1]在九、十月间回归，马苏大马哈鱼则在十月至十二月间。奇努克是洄游品种中个头最大的，寿命近六年，返回时体重可达 45 磅。银鳟则要小一些，体重六到十六磅不等，只能存活三年。当银鳟回来产卵时，雄鱼因其钩状口吻部、红色身体及略弓起的脊背而清楚可辨。马苏大马哈鱼则长出了虎纹花斑，带有橄榄绿及紫色标记。我知道这些只是因为每年九月我都会在溪流泥泞的边缘地带找到它们破碎的遗体。

在这修缮精良的河岸带之下设有橘色的铁丝网围栏，却遭到捕鱼者的践踏、撕扯，他们穿着齐膝高、沾满泥巴的胶鞋，套了橡胶钓鱼裤，或站岸上或干脆下水，企图捉住大马哈鱼。我的金毛犬“大红杉”冲进灌木丛，对着丢弃在泥地里的一条尺来长的死大马哈鱼又闻又舔。鱼腹已被剖开，粉红色的鱼子散落在了地上。“海洋遗产中心”的鱼苗孵化场为控制渔民的贪婪行径采取了多种措施，包括限制捕鱼数量；超量则要将捉到的鱼放掉；在渔民把鱼带回家油炸之前取走鱼卵和鱼精，带到孵化场继续养殖。我看见过在周末时，岸边站满了渔民，好似往昔的溪水里游鱼如织。据说那时都可以踩着鱼背行走呢。

我倒是愿意沿溪而行，从贝灵翰姆湾上溯四英里半至其在沃特科姆湖的出口。我在每张地图上都可见溪水的足迹，但那条蜿蜒向上逐渐变细的蓝线并不能告诉我一条河流在这个城市里功用是什么。我想要伴随溪水回到其发源地。

举目越过河口眺望北岸，可见“变废为宝工作坊”和“西北资源回收公司”矗立在霍利街以东，它们背后便是“海洋遗产中心”的鱼苗孵化场。两岸边的渔人或站或靠，或正撒着网，碎玻璃的叮当作响及铝质罐的刮擦声倒是使得岸上颇显出一片勃勃生机。这些废物及废物利用的声响像是为眼前渔民们勉力撒网而收获却日益下滑的景象做出了十分古怪的评论。从尾部和鱼鳍搅出的些许涟漪可以看到溪里仍有几尾游鱼，不过也就几尾而已。

行至瀑布上方，就在邮局旁边，沃特科姆溪钻到了车行道之下，这是它要遭遇的众多车道的第一条，此路通往市中心：市政厅、警局、消防站、公共图书馆。这儿的“路边公园”里有另一座雕像——名曰《守望者》的鹰。1999 年 6 月 10 日，它默

① 奇努克(chinook)、银鳟(coho)：都为大马哈鱼品种。

然目睹了18岁的利亚姆·伍德在拿到高中毕业证书后前来钓鱼。在奥林匹克国家公园输油管爆炸时,利亚姆未及被爆炸和火海吞没就先吸入了大量烟气并溺毙在水里。

《守望者》于此处的存在标志了再往上游去将会遇见什么,标志了世事并非样样如意,而个中之不如意也非现今才有。雕刻上的雪松让人回想起曾沿溪密布的原始森林。鹰可以指代那个溺亡的少年,其胸口的青蛙象征了沃特科姆溪,鹰爪之下的大马哈鱼则喻示了相互依存。刻于该图腾像背面的蝶翅代表了母亲对孩子的爱,而图腾柱烧焦的部分也使人难忘那次爆炸灾难。

位于洛蒂街的市政厅的背后有一通往溪水的陡峭岸堤。如公园美景般的沿河面貌只延续到市政府所在地便难以为继。1907年,市民们赞美此地有"荒野的粗犷"、"清澈的河水"、"一路奔流不息且低声欢唱"。我刚离开这天时地利的市中心区域,溪流便不那么令人喜闻乐见了。随着城市的发展,"农林街"和"独木舟路"被整合、重命名为"商业大道","麋鹿街"变成了"州街",而原始森林也沦为房屋和长凳。过了公共图书馆后溪边的小道便不见了踪影,直至来到位于哈勒克街和俄亥俄街的贝灵翰姆运动俱乐部的背后,才见其换了一番模样重新现身。此处,一条砾石路凌驾在溪旁,没有了那种可供行人休憩、沉思的舒适的原木凳。溪水远远地在底下流,溪岸高高在上且荆棘密布,谁也不愿停留而是匆匆路过。空中飘荡着氯气味,健身馆停车场的后面让我第一次见着了垃圾堆——塑料袋、薯片袋、充气饮料瓶。这里是最后一片大马哈鱼洄游恢复区。在接下来的两英里河段里,沃特科姆溪更像洛杉矶河的面貌:一条宽阔的水渠,夹在收紧的混凝土堤岸之间。

到了更接近约克街的地方,沃特科姆溪陷入了银行大楼、装货码头、建材仓库的重围之中。在一排取款机后面,有另一座跨溪桥,其排水沟上刻着如下标语:"排管入溪,禁扔垃圾"。很难想象人们会往沟里丢弃咖啡杯、汽水罐、烟灰缸、机油壳,他们太专注文化了,以至于他们的目光不会穿过拦污栅而看见底下静静流淌的溪水,但这些警示语绝非可有可无。凭桥眺望,我看见一条自行车道往北伸向埃利斯——另一条生意兴隆的大街,而沃特科姆溪则折向南流去。要重觅其踪影,我得横穿北州大街、埃利斯街和约克街,三者交叉纠结在一起,形成了三角形环岛。环岛中央，在约克-埃利斯磨坊的原址，盘踞着皮吉特变电站，那些弗兰肯斯坦式的圆柱罐、金属旋梯、嗡嗡作响的电线以及铁丝网，都在昭示着一种更强而又无形的危险：电磁场将脉冲传给了洄游的大马哈鱼。工业文明的生意场将水和水生物放在了背景里，放在了停车场、垃圾箱和栅栏的后面。从市中心到I-5高架桥，沃特科姆溪流经了贝灵翰姆的心脏地带，流过汽车经销店、运动俱乐部和办公综合楼。溪岸原先的植被被除掉，岸基裸露，失去了活性并被混凝土禁锢起来。面对通过工业途径传播的病害、溢出的燃料、汽车排放物、杀虫剂、宠物粪便以及从人行道淌过来未经过滤的雨水，溪岸毫无招架之力。

我走过“村庄照明公司”，穿过其工作大厅旁边的停车场，在最后一片黑莓丛中找到了一条略加整饬的小道，此时我用皮带拴住了“大红杉”（狗名）。沃特科姆溪这一带的黑莓甚至还没有被采摘过，虽近季末，每个弯口都能看见累累成熟的果实。我停下脚步采了一些喂给“大红杉”，她对黑莓已颇有了些胃口，在诱引之下有时也会直接将黑莓从枝上扯下来吃。我们相互喂着，微笑着，专注着我们的收获，就在此刻我听见了下面的溪水中传来了泼溅声。这是它们在发出召唤，不过我还要眼见为实。在纠缠成一团的黑莓树枝的下面是乱石基，以大块石头包裹铁丝网筑成。溪水往上八英尺开外可见一涓涓细流，较溪面有一个台阶的距离，尽管我站在高处难以辨清这个台阶有一英尺还是两英尺高。四条大马哈鱼正奋力想跳上台阶，它们高高跃起，水花四溅，摔下去，打个旋又转回来接着冲。那种执拗、坚持，以及家乡的气息使它们可以不顾所有的饥饿——它们让我自惭形秽。它们懂得对于途中的任何阻碍都必须去挑战、超越并战胜。它们曾经沧海，北上至阿拉斯加，与巨鱼同游，躲避了无数钩网。在见了、做了、游历了那么多世事之后，家乡的气味和如水的记忆，对于出生地的缅怀，成了它们可以为之生、为之死的信念。

就在这里，在“村庄照明”背后，在“环球健身房”和“米其林轮胎”的背后，便能看到这关于生命的基本史诗，这一旅程。性、死亡、重生。水中的盟誓。它们是女神的孩子。而我们是谁呢？

就在沃本街、紫衫路以及爱荷华街的交叉口，即公墓与沃特科姆溪汇聚之处，后者又回到了沃特科姆瀑布公园的绿色怀抱的护佑之中。在这里，溪水的力道在恰克努特砂岩上刻出了手指粗细的水痕，这种细小的水道遍布贝灵翰姆地下。松散的石头成涡形状沉入砂岩瓯穴之中，湿润的土壤上覆满了蕨草和冷杉以及斑驳的阳光。在这里，阳光透过浓密的雪松和道格拉斯冷杉，在潺潺流水上映出粼粼波光，将钻石般的色泽反射到阴暗的树根部位。在这里，作为地标的石拱桥于1939年得以重建，罗斯福新政下的"公共事业振兴署"动用民工，把市中心遭焚毁的派克大楼中的砂岩石拱结构运了出来。如今，在那石拱之下正搏动着沃特科姆瀑布强健的心脏。

"大红杉"和我几乎每天都到溪边散步，风雨不阻，阴晴无缺。我们熟知步行道起点处的那一大块草地，沃特科姆湖也是在那里，即在布勒德尔-多诺万公园游泳滩附近，成为了沃特科姆溪。我们熟知斯卡德湖附近的小径旁密密匝匝的黑莓丛，那一带是馈赠给这个城市的野生动物保护区，也是一个女儿献给父亲的活着的纪念。在这里，大蓝鹭和加拿大雁可以在莎草和柳树间寻得食物和栖息地。红翅黑鹂在香蒲上摇曳，它们之上则有秃鹫、绒啄木鸟以及带状翠鸟飞翔在黑杨和大叶枫林间。我们熟知那些蜿蜒的木栈道，它们带我们穿行溪流的第一道瀑布，从而越过了旧水电站大坝、新水泥人行桥和破败的铁路高架桥。我们熟知孩子们初学垂钓的那个池塘，以及池塘上开放式人行桥，站在桥上可以俯瞰池子的瀑式出水口、大马哈鱼孵化地，以及更远处的秋千和野餐桌。我们曾顺流而下，从那座石拱桥走到较低处的溪谷，这里的瀑布造就了涡流以及天然的游泳潭。每年夏季当水位高涨时，男孩子们便用绳子从高居岸边的树上荡过来，跳进深而凉的急流之中。

走过这个水潭便到了本市的水处理厂，而就在这底下，石油管道横穿了河床。

小溪水位的变化并不遵循自然规律，有时候退到堤岸之下，于是"大红杉"得径直涉到溪里才盖得住爪子。另一些时候，溪水则一路涨上了土路，漫过了野餐桌和溪岸。这一水位变化与季节、降雨量以及北卡斯卡德山区冰川的净流量并无多少关联，而是工程师们控制的，他们通过在近努克萨克河中部分叉带建立分水坝来调节注入沃特科姆湖的流量。这是非自然方式的调控，一种观念的迷乱，它促使我迫切地需要了解溪水的流速与流量，以认识其季节性健康状况。这就像去测评一个已经依赖安非他命的朋友是不是快乐或在情感上有多么健康。

沃特科姆瀑布虽然天生丽质，却依然是受着高度管控的公园，有吹叶机清扫其道路，有水处理厂每日过滤并氯化两千万加仑的水，还有一根输油管，埋在那里作定时炸弹之用[①]。

① 见前文发生在奥林匹克公园的输油管道爆炸事件。

荒　野

佛家的冥想，或曰“毗婆遮那”，是一种很有蛊惑作用的简单操练，要求人专事气息的吐纳，并关注于所产生的意念。通过正念（mindfulness）的提升，练习者能够更富技巧地认识到那些引起痛苦的思维模式，并最终更愿意摒弃此思维习惯。

20年的大学教书生涯使我痛苦不堪。身陷无休止的科研、出版及社会活动的我开始意识到，在这样的体制下我永无可能保存自己的价值，因为我投入的越多，它索要的就越多。实际上，整个制度都意在鼓动毫无间断且与日俱增的出版量，而如此的绩效只能持续不到一学期，新一轮科研任务又开始了。如同重组牛生长激素（rBGH）或是转基因作物种子，这种对无休止的科研产出的要求既是反生态的，又是不可持续的。假如我的身与心果真是自然的一部分，那么它是跟不上这些无节制的要求的。打破我对科研成果、对劳碌不止的依赖，意味着重新审视我的自我身份。

为此，我去求助“毗婆遮那”。佛祖只借助对内心的精妙观照，便意识到自我的空无以及万物的相互联系或相互依存共生。他是得道了。

我并没有这么高的追求。

在隔三岔五地打坐及偶尔参加的静修会上，在陷入冥思时，我意识到当思绪沉静入定，真正的自我之器便愈发显现出来。坐的时间越长，我看得越是清楚。在一次为期十天的静修中，我想象自己获得了更强大的自我认知，发现了一个潜于所有行为之下、书写之下和自身信仰、历史之下的身份。只需洞见自我之思，便可驰骋于内心之荒野。

12年前，我随“国家户外领导学校”（National Outdoor Leadership School

[NOLS])有了第一次荒野探险体验。此时我又翻出当年那件野营抓绒衣，从贝灵翰姆往南驱车四小时，到华盛顿州西南的云山静修所进行为期一周的打坐练习。从静修所再往前就到俄勒冈了，因而这里为乡间道路及起伏的群山所阻隔，只有一条泥土碎石车道从茂密的森林里钻出来通往这里。向前行进半英里可见一小型停车场，把餐厅和厨房下面的花园一分为二。停车场里的车辆使我想起了另一处在怀俄明州兰德的停车场，那时，我们弃车奔向荒野，在烈日下满身尘土地感受着炎热的炙烤。

从明尼苏达大平原到怀俄明的风河山区有 20 小时车程。“狼人”丹答应陪同我去，一来他还想再到风河山区享受一下独行的体验，而我正可以捎上他，二来他觉得我不能独自去。“跟 NOLS 锻炼十天荒野生活后，”丹安慰我说，“你从怀俄明走回来都可以。我现在的职责就是送你过去。”

丹对荒野改造人性的信奉，也是他生活的写照。在我们结识的时候，他已经在明尼苏达的“边界水域”独自游荡了数月。他在罗亚尔岛的每一道湾里徒步行走、驾独木舟，还在伊利从事保护狼群的工作，给濒危动物栓标签并跟踪它们。丹从事一份工作的时间绝不会长于两次徒步、驾舟或野营活动的间隔时间，且通过精挑细选和限购必需品从而把生活开支维系在最低标准。他那套在圣保罗市山顶路一座车库之上的四室公寓房——“那叫‘车房’”，丹总是纠正我——塞满了形形色色的野营用品，沿书架排放的地形图、照片、树叶、石头，在其后给它们撑腰的则是环境哲学及荒野旅行方面的书籍。我与丹的友谊总是让我想到我曾满心希望成为，而又在追逐学术道路上失之交臂的那种人。我曾失落的这个“我”，在我与一种特定的地形的关系——山——之中又培育了出来。当丹怂恿我申报 NOLS 课程，向我描述怀俄明风河山的情况时，他的话激起了我对最初所热爱的风景的回忆：塞拉斯高地崎岖的山岭、晒干的土地和松针的气味，光滑的灰色巨石、杉树以及野生芥末丛。在为期十天的荒野生存技巧训练课程中，“国家户外领导学校”可以教会我如何以山为家。如果丹希望我去 NOLS，那他显然是深得其道的。

就在怀俄明的兰德郊外，我带着丹开车上山路，直达波波阿奇荒野公园的边界，我们在斯道夫溪湖小道的起点道了别。我目送丹的背包消失在上山路上，感到孤独像一条旧军毯压在了肩头，既温暖又僵硬不合身。

当晚的NOLS出发前预备会证实了我的孤立感：其余十一位野营者看来都是白人、中产阶级以及坚定的异性恋者。男女达到了六对一的悬殊比例，如果算上领头的克拉克和杰克的话。于是我心里打起了鼓，自己为什么要花那么多钞票和这群汉子在荒郊野外待十天。NOLS的负责人介绍起自己来都是说不尽的徒步、登山、涉野，可在我看来就是游手好闲嘛，生活中的漂泊客——有点像丹，我很羡慕他的生活方式，但绝不会照着他做。其他交钱来的野营者也跟我一样有全职工作，可是我们来这里，来求教于这些漫无目标的老师。

次日早餐之后，我们在"马仓"领到了装备，NOLS所有的器材都存放在那里：背包、捆扎带、帐篷、睡袋、防水布、烹调炉、靴子、衣物。等我们在谷仓里转了一圈拿好了自己的装备，克拉克和杰克便帮助新手将个人用品进行分类整理，拿掉我们自以为需要的东西（比如卫生纸），向我们展示应该如何装包，并将我们的包挂在从这座驿马仓门廊上垂下的一只挂肉钩上称重。我的背包有60磅，快赶上我一半体重了。这是个很合理的比例，因为我们使用的是外框架式登山包，可以承受更多重量，尤其是食物，让我们能在荒野地待更长时间。我套上两副羊毛袜，沉重的皮质徒步靴（每只至少五磅），并将背包拉扯上了肩。干脆点说，看来这趟门出不得。负荷太大了。

一辆改装的旧校车把我们放在一条小道的起点，这里正是丹消失在我视线、走入茫茫野地之处。我们一行人踏上旅程，钻进愈发昏黑的树丛与乱石里，至少走了一小时才停下来安营扎寨。我们捧着棕色纸袋吃晚餐，一边闲聊着，外面的天色还算亮，且能听见附近小溪的潺潺流水。吃过之后，领头的给每人发了小小的一瓶"适饮"药片，并解释了其用途——每瓶水用一粒——防止鞭毛虫的威胁。没有安全的饮用水，我们在荒野里的旅程几无可能。此前我从未考虑过我的饮水安全问题，我只管开龙头喝水。水——如此基本的用品现在也成为当务之急，这样的念头将我的注意力从对个人形象的担心转移到了更为根本的关切，比方说，生存问题。我自己的生命倚赖于我从这片土地上取走了什么，倚赖于我在荒野里跋涉的技能。那个装了适饮片的小小药瓶活似一护身符。旅行开始了。

在静修的第一个晚上，指导员卡玛拉和斯蒂夫解说了日修计划——坐修、行静、用餐、会见老师、佛法宣讲，从早上5:30开始如此循环至晚间10:00。在为期十天时间里，我将与其他50个修习者一起，在静默中抛开诸事，只坐、卧、食、行，以“毕无功”。此念对于我的自我意识而言，实则毕多功于一役。如果我不能是劳碌者，而仅仅是存在者，那我无从知晓我会成为一个怎样的人，或与别人有何不同。我自己标榜且穷半生去培育的、作为一个美国人的个体性(individuality)，就将要退化或消失。我将什么都不是。而我就是为此体验而来。

斯蒂夫向我们解释了修习的基本准则。在整个修行期间，我们将恪守“高静”，不但要克制自己不与其他修习者攀谈，而且为了不妨碍修习的用心和专注也杜绝任何形式的外部交流：写字、阅读，以及所有非紧急情况的电话。我们要去全身心体验自己思维、心理及身体本身的荒野地带。当进入正念境界而创生出一片静谧时，便可观心之所碌，而察表里之所藏。我对这一理念无疑是有些惊惧的：去这样一个静修之地，不能读书、写字甚而说话。来的时候我带了一本杂志和五本书——当然是性灵方面的读物，也希望若非不得已就不要去看。但完全摒弃阅读、写字——真是很不可思议，哪怕仅十天时间。卡玛拉和斯蒂夫也和NOLS的指导员一样检查了我们的背包，取出此行用不着的东西，帮助我们轻装上阵。丢开那些聊以慰藉的用品，总归悻然不快，对此我也不能免俗。

斯蒂夫告诉我们，为了本次静修，我们将成为断念者(renunciant)，就是那种在生活中对于各种人与事，都来则不拒、去而不惜的人。每一天，我们都在周围缤纷的生活中寻求躲避痛苦的途径：食品、购物、工作、性、酒精或毒品、社交以及形形色色的活动(阅读，我补充道，还有写作)。断念者认为这些都不尽如人意而加以放弃、抛却，因为它们只是暂存、无效的，并不能终结痛苦。他们转而寻求“三宝”的庇护：佛祖，并不仅指驻留在一个人心中的膜拜对象，也代表了我们修炼得道的潜在可能；达摩，或关于毕生相依的本源的真相；以及僧伽，即修行团体。只有在这“三宝”之中我们才能永久地摆脱苦难。

为了保证静修地所有人员的安全，也为了维护支撑我们冥思修炼的端正生活风气，我们还要厉行五戒。每天我们都要周而复始地宣誓并恪守承诺，严禁杀伐、偷盗、性行为不端、污言秽语以及任何形式的麻醉品。严守五戒,给予了我们相互尊重的基础。团结在一起,我们就是一个富有道德与精神的集体,即僧伽。每一天,我们都要冥思、观心,依照的便是"毗婆遮那"朴实无华的哲学:观。观你自己所能经验到的。没有教理,没有信条,没有可拜的神。我们静思之实践本身就可以向我们揭示路径。

"毗婆遮那"自始至终敦促我去全神贯注于身体、于此刻;而且,它的语言对我来说既陌生又熟悉,仿佛从久远的过去传来,召唤我回家。

第一天清晨早餐之后,11 名背包客悉数集中在洒满阳光的草地中一凸岩之上,听杰克讲授如何读地图。杰克在巨岩的一处平滑表面上找了一块大圆石并站在当中。我以为他要摊平握在手里的地图了,他却将地图塞进衣袋,挥起了手臂。

"看看四周,"杰克指令道,"读地图的第一准则是先看清自己所处之地。"杰克给我们几分钟从所有方位观察周围:"看见什么了?"

"山,树,溪流。"一位新学员主动回答。

"我知道那后面有一条小路,"另一位举手说,"虽然我看不见它。"

"还行嘛,"杰克回答得很有耐心,"算是个挺不错的开端。不过在我们偏离了小路时,有哪些地形特点是可以用来指向的?"杰克停顿了片刻让我们考虑一下这令人发怵的可能性。小路是我们与文明之间最后的连接纽带,若没有了这一安全感,我们中有些人还颇不能适应。

"观察的起点永远是山,"杰克继续说道,"永远是从地面形态本身。河流、湖泊和湿地转年或许就会干涸,但地面变化要迟缓得多,而水对地的塑形变化也是相当缓慢的。最高的山峰在哪里?山脉是在哪里曲折或后退的?你们在这里真正看到了什么?"

我们从杰克这里学到了如何观察地的本身面貌,学习估测山峰的不同高度,学习寻找排水区、冰川、林木线、高山草甸。当杰克确信我们都在聚精会神地看地形时又问道:"如果是在飞机上俯瞰,应该怎么把这些都画下来?怎么把三维荒野图表现成二维形式?"

就在我们为此大惑不解时,杰克掏出钢笔在手上画得到处都是。有几个人吃吃笑起来，以为这一举动又是出于给环境最小影响（minimum-impact）的理念，或是为了节省纸张。然而杰克又给我们来了个意外。

“你们也许就得画这个，”杰克说着蹲下来，向我们展示他平整的手背。“这里就像我们现在的位置，”杰克继续说，同时将手指拢成拳头，于是手上画的圆圈和线条就隆起成为三维形式。“这些是山峰，”杰克解释道，并用笔点着每个上凸指关节上画的圆圈。“这儿就是排水区，融雪从高山湖泊和冰川汇流到这里，并切入山谷里，”杰克说着指给我们看他手指间V形下伸线条。“这些线条遵循地形等高线，全国各地的等高线之间的距离，或曰等高线间距，都有所不同。”杰克此时在石头上摊开了地图，我们又多了几分兴趣并聚拢过来。“等高线之间的距离——等高线间距是多少，在这张地图上？”

“40 英尺，”有人胸有成竹地看着图说。

“你能找到我们的小路吗？”杰克追问同时也温和地鼓励着这位仁兄，后者以为单凭路标就能行万里路了。“你们能不能环顾四周，想象一下一幅图，绘出了所有那些山峰、谷地、溪流还有小路？”

终于有了几个人点头称是，杰克这才让我们找出我们在地图上的方位，并演示了如何把地图放在可以对应四周地形的位置。此间有两派各执己见，每边都很自信，认为找对了我们在地图上的方位。地形图在石头上挪来挪去。杰克不置可否，只是提了更多问题。“你凭什么认定就是那个点儿？是什么地貌特征让你这么想的？假如我们真在那里，”杰克边说边指图，“你会在哪里找到这个小山峰？”

“可是在这儿根本就没有绿草甸，”那个很快就要找不着北的团队队长抗辩道，“整个这里的山谷都应该是碧绿的。地图上就这么标识的。”

杰克微微一笑：“记住：地图可不是地。先去瞧瞧那里的地形吧，看看到底是什么样子。”

第二天下午我们登上了一座花岗岩山，海拔到达了11 546 英尺。我翻过那些双臂都无法抱起的大石块，最终攀上了通往顶峰的山脊线，同时还得与恐惧作战：我是不是会跳下去，会不会被诱惑进那个空虚之中，只为了体验一下失重的快感，便让蛮横的地球引力召我的身子回归了大地。每当貌似要登顶之时，总有另一座山峰从山后兀现出来。爱丽丝终于忍不住问杰克：“什么时候才能爬到顶？”而杰克答道："现在，马上就到。一会儿就过去了。"

这个想法让我颇感快慰。十天以来，我们总是快要到了，每时每刻都如此。消息总好得过头了。

而现在终于站在了山巅，空气里有薄荷的味道，从每一方向望出去都景致无限。每一个人都安静下来，我们的言语无法抵挡嶙峋的皑皑雪峰以及四周环绕的天穹。遥远的距离反倒提供了某种与之交融的机会，使我们看到了山冈、山谷的开阖迂阔，看到了我们自身的渺小。居然这世上确有这样的所在，一个人的整个过去都落入视野，启示了我们借以来此的路径的必然逻辑。杰克称之为"宏大之图"。四周的花岗岩及石块使我想到了骨骼，仿佛我们坐在地球自身的骨架上。地球的所有元素何其相似，在这顶峰之上又何其明了，我们都由同样的物质造就：骨、风、天。

在探险的前三天，我不无失落地意识到，我找不到自己的感觉了。我憧憬起出发前一晚在 NOLS 的旅馆那简陋的上下铺，我的化妆品整齐地排在镜前架子上。我的防皱套装很不惹眼地挂在门背后的钩子上。而此刻，在整整十天的课程里，我们只允许带四双袜，两条内裤、两件 T 恤、一双鞋。我还必须去买或借这套单调乏味的装备的其余部分：一件防风衬衫、一条防风裤、雨披、两件聚丙烯长袖衬衫、一副绑腿、一件抓绒衣、毛线手套、连指手套，还有一顶我肯定不会戴的毛线帽，这种东西会压扁我的发型。这如同在梦魇里，你发觉自己上班时穿着睡衣，蓬头垢面，牙齿也没刷。

过了三天没有厕纸的生活后，所有人都注意到，要保证那些以前我们认为理所当然的必须条件，我们得费多大力气：安全的饮用水、遮风避雨的处所、晚餐、卫生、一个可以铺床的平坦之地。每日我们都要满负荷地艰难跋涉，汗水浸湿了早已满是汗渍的衬衣，大小便时没有厕纸。每隔几日我们会在午后三点左右到达一个营地，并获准在晚饭前两小时到溪水里洗涤（不用肥皂）一下脏袜子或衬衫晾干。如果想用肥皂洗头或紧要的身体部位，那就得把水从 200 英尺外的水源地拖来，才能擦肥皂洗一下。有几个男人觉得擦肥皂太费事，就干脆穿上所有的衣物，跳进冰冷的湖水里游泳。我们的衣服多半时候都散发着刺鼻的体味，到第二天上路走热了才会重新暖和起来。杰克说洗澡太勤的人所受到的惩罚便是更易闻到别人散发的臭气。最好的策略,杰克建议,就是接受体味。对男人而言这接受起来似乎较容易些。

跋涉于荒野之中,如同被剥掉性别的一切外部特征。我的脸部油腻,头发脏乱,因负荷了营具、穿了徒步靴而显得步履沉重。漫漫征途使我将原以为是构造我身份基本组成的东西抛在了身后,而我原本是多么依赖这些东西且认为它们都是顺理成章的——并非只是衣着、化妆品、发型,还包括睡眠、隐私、阅读、自主权、肠道规律性,乃至银质餐具(每个野营者只准带一把野外餐勺和一把瑞士军刀)。若是在家没有了这些,我会是多么坐立不安。而在此地,这就是旅程的一部分。

过了一段时间,我只好置外表颜面于不顾了,惟有得过且过,碰到什么算什么:偶尔的且局部的清洗,或是一夜好觉。当期望值降到这个份儿上,旅行生活便好过多了,只是仍难以感受到在如此荒野之中自己还算是个女人。我还梦见过肥皂和睫毛膏。

第四天晚餐后,克拉克告诉我,他一直在观察我走路,我需要步子放得更开一些。他说:我似乎总需要每一步都走得很稳,不确定下脚处就不挪步,而有些过渡性的立足点,虽然不是百分之百的保险,但足以暂时支撑我,如果我能接受的话就可以走得更快些。这个建议似曾相识:我生命之中是不是还有类似的情形?

第二天我观察同行者中有几位走过高山草甸、穿行于红的、紫的、黄的及白的炫目的野花丛中。我注意到了个中差别:他们有不少行动比我迅速。他们不仅腿长,而且在找落脚点和寻求平衡的时候愿冒更多的风险。他们毫不犹豫地大踏步行进。而我意识到,多年前就有什么东西告诉过我,别相信自己身体的力量。曾经有某种讯息告诉我,什么时候可以有吸引力、有女人味了,此刻还是这讯息又在告诉我,我不适合待在荒野里。

我开始冒更多的风险。我不再做关于睫毛膏的梦了。

一天敲三次的铃碗[1]此时又荡响起来，标志着晨修结束。静修者们在位子上挪了挪，伸展一下紧紧裹束的四肢，释放一下长久抑制的咳嗽或喷嚏，并重新整了整蒲团。斯蒂夫首先发话。

"现在可以做行修了，也是提升正念的练习，其重要性不亚于坐修。我知道，"斯蒂夫展颜一笑，"有的人以为行修就是'放松运动'，是正念功课后的休息。"几声不好意思的轻笑在达摩堂里漾开来。

行修是将坐修时的正念贯注于我们平日最习以为常的一个举动之中。行修的目的是在我们的直接经验的许多方面——这里即指行走——之中培养一种意识及沉浸的状态。"我们不是来学习走得更好的，"斯蒂夫开玩笑说，"而只是更专注我们的经验的完满性。聚精会神于抬足、向前、踏足、移换重心时的细节变化，都要求我们丰满地活在此时此刻。"

"行走时别想着要'去往'什么地方，"斯蒂夫建议道。"找个能有十步开外的空间，然后来回走。我们一辈子都在走向某处，于是我们根本不去注意行走本身。但在我们这静修之地，是无处可去的！"斯蒂夫说话时眼睛闪着亮光，"所以，下一次课程上务请多专注于你们的行走。"然后他向我们所有人鞠了一躬。

我在达摩堂外挑了一条小径开始行走，这条路坡度很陡，直通山上，且能很好地遮挡雨点轻而急速的拍打。上山途中，我注意到小腿后部及大腿肌肉的紧绷；下山时则大腿上部的收紧，从而支撑着我走好向下的每一步。很快我发现了每走完一趟之后所感到的难处。掉头重走似乎是会引起某种不适的。当朝着一个方向迈进时，我是能够集中注意力的，可似乎一到尽头我便促然返回。我发现自己颇不适应变化，很不情愿长久停留在一个行动已然完成而下一行动尚未展开时的不确定状态中。诚然，行走还是很惬意的——至少是在做一件事情，即便我一无所成。我所需要学习的就是如何在事情的间隙、在时间停滞的期间里寻求到舒坦。我训练自己每走完一个方向的路程便停顿片刻，留意那种不适，并学会听之任之。

行走期间我还留意到其他事物，其中就有苔藓，它比看上去要干燥，几乎是松

---

① 铃碗：bell bowl，为佛教徒静修时所用敲击乐器。

脆的。还有蜗牛，云山一带有两个品种，一种身体中段带壳、形似海螺，另一种即香蕉蛞蝓，有四五英寸长，色泽不一：茶色的、带条纹的或是有豹斑的。自孩童时起，我对于这么近处的环境还没有仔细注意过。在端详竹子时，我见其每节都有一脊骨结构，先是在一边，然后换到背后，节节换位。而在蕨类植物的下叶面，有一排排黑丝绒般的细小颗粒。大千世界里要去留意的东西是如此丰富，它们又有如此美丽的细节。长久以来，忙碌的我居然无暇顾盼。

在静修仅两日之后，我发现自己去看待事物时无法不怀有判断，接着就有了好恶。我对一切总得有个观点吧，不仅如此，我的观点总伴随着一整套叙述。前两日在达摩堂靠后位置打坐时便已为其他几个修炼者所恼，因为他们不能纹丝不动地坐满 45 分钟，这使我颇为分神。我把在研读 18 世纪文学时所受的训练派上了用场，给他们全起了名字。那边厢有"吵闹先生"和"吵闹太太"，他们总是动个不停，交换毯子，或是姗姗来迟。这里则坐着"多枕先生"，他不仅有轻便折椅，还在其上配了各色枕头。而"多动夫人"呢，她恼人的坏习惯是在我们已开始坐修之后才驾到，就在达摩堂敞开的窗口外刺啦啦解开鞋子的尼龙搭扣。

如果房间的前部空出了位置，我就将自己的蒲团往前挪，希望把自己和这些恼人的修炼者远远隔开。

第三天下午，卡玛拉教授我们如何践行仁爱，或曰"慈心"(*metta*)，从我们自身做起，惠及恩人、亲密朋友。仁爱的修习意在使我们的心扉敞开，面向对他人美好意愿的体验，这种体验常常与我们护卫他们的幸福的实际能力相分离。践行"慈心"并没有免除我们让好意付诸现实的愿望或责任；它只是让我们去爱、去劳作，但不是说我们可以不再记挂结果，或是不用再评价我们慈心的质量，因为后者的基础便是我们控制他人生活处境的权力。

晚餐后，我走上一条从静修中心起始的乡村小路。我注意到一扇很眼熟的铁门，这在华盛顿州常用来关闭伐木路，我跳了过去。我借桥走过一条宽溪，上了一处已被完全伐清的山坡。这里随处可见树桩和枯枝，仿佛有一盒巨型火柴给抛撒了出来，压趴了蕨草以及沙龙白珠树丛。此地已遭破坏殆尽。

我无力改变过去，只能跪下并双手着地，为森林、为土地吟念慈心经：

愿你安然无损。

愿你身强体健。

愿你一生平安。

愿你快乐常在。

吟念诵词时的酸楚也牵扯出我最深切的悲哀。似乎这是莫大的嘲讽：我的同族糟蹋了这里，而我却来此“祝福”土地。怒火和泪水使我不愿意再去祝福；我要做些什么才行。只是去感触我的美好意愿是不够的。我又开始寻思，在过去很多年里我是如何以愤怒为武器来实践我的行动主义的。我在想，仁爱之心是否能成为比愤怒更有效的力量。

尽管50位修行者都已宣誓恪守“高静”，但到了第四天，一种集体感还是在心里滋长起来。我们在默然之中懂得了正念修习是多么不易。每天我们都听见有人在达摩堂里抽泣或呜咽，只因要面对自己内心的挣扎。正如同我们在交谈时那样，有些修习者是我不喜欢的，有些则促使我去做更多的认识：芭芭拉，一位拄杖老妇；露西，一位五旬女士，她把自己在达摩堂里的位置让给了一个总抱怨受风吹的人；埃文，是供职于此的静修者之一，他和我一样热爱步行；还有那个穿“拯救地球”素食者T恤的；还有一对40多岁的女子，也热衷饭后散步。我发觉，那种孤独感，那种与人攀谈的渴望，主要来自晚饭后。白天的时光已经有了自身固有的意向性，但到了晚间，我感到更为疲乏，更需要慰藉和谈话。

我不能与其他任何静修者交往，也不准写字，只能在想象中寄明信片给肖恩以及所有的朋友，聊以自慰。与通常的度假通信不同，静修信会写着“此刻随遇而安，观而不语”。

一天傍晚，在达摩堂宣讲结束后，斯蒂夫给了我们一个意外。通常我们先念诵《慈心经》，再坐五分钟便离席就寝。那天晚上，在没有任何事先提示的情况下，斯蒂夫又留我们坐了足足 45 分钟。斯蒂夫给我们这一意外的每分每秒，都是关注厌恶的充分体验。再过了肯定有 10 分钟，接着是 20 分钟后，我很想看看手表上的时刻，但我已知道了答案。就是此时此刻。我们的目的完全就在于去凝神注意，无论打坐有多长。当斯蒂夫终于打铃示意静修结束时，他温言鼓励我们再额外多待一小时。显然正念的训练让人如此恬静，我们实际需要的睡眠时间已然减少。在周期更长的静修中，练习者可以坐至深夜。斯蒂夫热忱地说：我们每个人都可以在有生之年修成化境，如果我们选择去修炼的话——没有什么能阻止我们。

那天晚上，当我们有了更多得道的可能而更少的约限时，达摩堂里情绪高涨。我能够感到我们集体意向的力道，僧伽的力量。这就是我所一路追寻的。

每一天都敞露出益愈壮阔的景致：原始高山草甸偎依在峭立的群山间，山的轮廓被溪水长年累月地塑造着，而小溪依然在山谷间流淌。我们满负荷地向上攀越林木线，翻过座座山峰，并在午饭时分来到最高点撒勒费尔峰休整，这里海拔 12 058 英尺。

游戏时间。杰克指了指在我们下面的冰川，从背包的捆扎带上解下睡垫，并趴在上面，脚一蹬窜了出去。我们不安地看着他消失在下面的山坡及冰川积雪层的凸出部位，直到他远远地重新现身于下面的平地上，才长吁一口气。其他来远足的人朝杰克挥手呐喊，接着飞快地收拾起午餐包并拉出了睡垫。我愣在了那里：如果有人在下滑时受伤，那么医疗救护得等到几天之后。是否能有援救还取决于在伤者附近抡动外套看是否有机会给低空飞机发送信号，或是走得最快的人是否能带伤员回到山路起点，搭上陌生人的车回城求援。

我抽出自己的恩索利泡沫睡垫，也在雪峰上坐下，并滑了下去。睡垫飞快地加速，比想象得还要迅疾，我俯身去依顺冰川表面的弧线，而睡垫在两块突然兀现的石头之间飞了出去，我连翻两个筋斗，笑着落在了山脚平坦的雪原上。我得再来一次。

冰川滑降教会我要释放并信任自己的力量、我自己躯体的响应能力与敏捷度。临近傍晚时我想起了克拉克关于步子迈得更大胆些的建议，于是放任自己在变化奇诡的页岩与巨石坡上一掠而过，虽背负60磅的包也如履平地。我感到自由轻松且充满了活力。

我背着包行进在山里，寻思着如果就这样生活该会怎样：游牧式，所有财产仅限于能背负的东西。我在想象中走进自己的寓所，望着我拿不走的东西：蓝色卧榻、靠背扶手椅、书和书架、锅碗瓢盆、满橱子的衣服。我试着去想象西部肖松尼族印第安人当年的日子是怎么过的：在被征服和殖民之前，他们如何游走在这群山里。当视野里只剩下寥寥数件用品以及与土地扭结一处的生计时，一种生活的质朴、一种全然不同的社群组织便出现在眼前。我需要并使用寓所里的所有东西，是因为我工作并生活在那样的环境里——我归属的文化强调分隔与独立。可是身处这样的群山中，在这样的集体里，我的财产大多无用武之地。是否可以把这两种不同的地方融合起来呢？建立与场域和与人的两种不同方式的融合——将对荒野的感知带回到我城市的寓所里——这一可能性让我感到振奋。我遐想着做个游牧民的自由自在。

多年来，我一直在通过学习佛法（达摩教义）来领悟与场域的正确关系。在明尼苏达州、华盛顿州以及加利福尼亚州与我的老师静修时，我都问同一个问题：什么时候才适合改变一个生活境况，而在什么时候这种对场域的不满意只是对生活本质不满的情绪或曰“苦”（*dukkha*）的一种掩饰而已？每次静修时我都得不到我所能理解的答案。人的一生都在受“苦”，我们逃避苦难的尝试就如同在单人牢房里挪动家具，而更高的境界则是舍弃对“无所不有”的依恋，而后我们才能甘得其乐。只要我们的快乐耽于外部条件，我们总不免要受苦。

对此我能够理解不少。我不能理解的是有些不满自己居住地的修行师何以最终远走热带地区，比方说以夏威夷为归宿。达摩教义是怎么启示他们作出决定的？我非常热切地问着。然而他们的答案却不能适用于我自身的两难处境：我无法将职业场域与我感到与土地有紧密联系的场域并在一起。而在求得这一平衡，这恰切的关系之前，我还是要受苦。

第六天，我们的徒步旅行团似乎终于开始有了集体的凝聚力。中午时分，拉里、伊丽丝、埃里克、克里斯、杰里和我聚在一起看地图。我们安静地看了一会儿后，克里斯说："哇哦，瞧啊。我们已经走了那么远了。"

拉里边嚼着食物边问："真的吗？我们在哪儿了？"

"我不知道，"克里斯答道，"不过我们肯定走了一大段路。"

但那天傍晚，在邂逅一群在河谷对面的山上吃草的麋鹿时，我们的意见产生了分歧。它们的那种野性美近乎不真实，就像一幅19世纪描绘白人到来之前的旧西部风情画。我看见几匹小鹿或吃草或吸吮着母亲的乳汁，而就在鹿群外，一只孑然独立、长着孔武大角的雄鹿纹丝不动地站着，看着它们。

与此同时在我们这厢，有几个男的在谈雄性的"统治地位"。我没看出来这儿有什么统治存在，那几个男的却认定只要有雄鹿在就一定存在统治现象。这主张对于我们一帮行路人可不是什么好兆头。我凑近一步仔细聆听。

杰里向其他人解释说："如果你对着一片草叶吹，那声音就像幼崽在呜咽，于是众母鹿就会朝你走过来。"杰里说着开始四下寻找宽阔的叶片，有几个人觉得这想法挺不错。伊丽丝和我交换了一下不快的眼神。杰里找到了叶片并吹了起来。

"杰里！"我厉声说，可是他并不搭理，尽管我离他只十步之遥。

"杰里！"

他暂停了吹奏："怎么？"

"我不希望你吹那片叶子，"我解释道，"假如真吸引了母鹿过来，你可能会给我们大家带来危险。而且你是在故意逗这些麋鹿。那'给环境最小影响'又从何谈起？"

"哦，"埃里克扑哧一笑，"现实点吧。"

"我觉得这不是什么问题，"杰里轻描淡写地说。他继续吹，比先前吹得还响。

伊丽丝讷讷地说："我们来的目的不是到野生动物的自然栖息地看看，走的时候也不打扰它们吗？"但是她并没有与那几个人针锋相对。

伊丽丝和我气坏了，于是继续向前走，任由那几个人吹叶子或是干他们随心所欲要干的事。我感到厌恶。杰里为什么要吹草叶？假如他真认为那能奏效，他为什么不想想六个徒步旅行者与一群麋鹿(其中即使没有两头,也至少有一头雄鹿)对峙的后果?从另一方面说,假如他觉得吹草叶是没有用的,那他这么做只是为了哗众取宠么?他是试图在和自然交谈么?杰里是不是内心深处还觉着自己是个小犊子,还希望母亲来到他身旁么?我使劲琢磨,也想不出杰里的行为能出于什么合适的理由。

我们休息时那几个人赶了上来,还在大谈麋鹿——这次是从美食的角度说的。他们在辩论该如何吃麋鹿,一头麋鹿有多大,或是雄鹿能贡献多少"肉",还有麋鹿一被射杀,就得马上大卸八块,因为一匹马(其实我们连根马尾巴都没有)不能单独驮那么多重量。为这次出行我们已经带足了食物,但这并不妨碍他们想要吃得更多。

这些人本该是热爱荒野的,难怪我们的世界会是如此之状态。我感到很孤独,因为我跟这样一群人行走在一起:他们乐见野性自然,心里却忖度着杀戮;他们来拜会生命,脑海里却展开死亡图景。我跟这伙人还有什么好说的?我们格格不入。

地球上某些最古老的山岩——三、四十亿年——就是在风河山区发现的。在这些远古山石的背后,我们上了一堂研究"抱石运动"的课。我们攀越并围绕着这些看似基本为横卧着的巨石,通过我们厚实的徒步靴感受着巨石的表面,同时注意到,这些山石几乎没有光滑的地方:倾斜与突兀,裂隙与隆起;细小的架状或楔状形态破坏了大部分岩石表面的平整,倒是给了徒步客以立足之处。教员们很满意我们对岩石的专注,便领我们来到一块不算很高的岩垛前,我们把厚重的靴子换成网球鞋。每个人都要在搭档的配合下全程在岩垛上走过而不能踏足地面。搭档的任务是监护攀行者,在其起步时扶住手臂,要是他/她滑跌下来时还得抓住。这一挑战貌似还是容易的,但接下来领头的叫我们顺着垛头从反方向走回去,让我们看看自己是否能在折返的时候还能有相同的体力。这里的技巧在于用手与臂保持平衡,而让脚和腿来完成任务。

埃里克和我结成对子轮流做攀行者和监护者。昨天埃里克也参与吹草的;今天假如他跌落了我要伸手扶住他。反之也一样。

在这花岗岩墙垛的间隙和外廓线上穿行，我发现自己是多么喜爱这些山石。我喜欢去触碰石头，去感受节块和曲面的细微差别。岩石粗粝而坚实，摸上去寒冷而锐利。领队说，明天我们要准备好攀爬了。

一天早晨，在与斯蒂夫进行过师生谈话后，我泡了杯茶，然后到一个池塘边打坐。蕨草之下及小道旁边覆满苔藓的石神龛提醒着我们来此地的目的。有个依偎在金鱼池旁的竹林里的神龛甚至还放了好些带包装的小粒好时巧克力，看来是敬献佛祖的。那只花斑猫走过来看我，跳到我腿上，闻着我的茶。我专注地凝视着这一切，不过当我看见神龛之后有另一位修行者穿鞋的脚以及披巾时，心还是不免剧跳起来。“肯定是我的老师卡玛拉，”我想，“她一定也在户外打坐。”我心中澎湃着对她的感激和温情，于是当我闭目而坐时，便朝着神龛后面的人影发送着我的慈心。当静修结束的铃声响起时，我听见了她的脚步声。在她起身离去时我看见了她。结果呢，我看见的是“多动夫人”。

向我最大的宿怨散发慈心，这意味着什么？我的感触如何？甚或可以问——她的感触如何？

静修的前三天，我满脑子想的都是关于回家后的打算：暑假准备完成什么作品，秋季将要教什么课程。与此同时，我把很多打坐的工夫花在了喟叹没能带来的物什上（糖果、薄荷、各类衣物），还有来之前做过的和未做的事情，我把这些思维模式称为“规划”和“回顾”。我注意到这种思维模式总是让我去关注未来或是过去，于是我在走路时便试图将思绪拉回到当下。抬足，挪步，踏足，转移体重。多么无聊啊。于是我又会遁入遐想的未来之中。

“有一部动画片说的是两和尚打坐，”斯蒂夫告诉我们，“年长些的说：‘接下来什么也不会发生。眼前的就是了。’”斯蒂夫随我们一齐笑起来，然后顿了顿。“此时此刻才是我们唯一拥有的时刻，”他续道，每个字都掷地有声，“阻碍我们体会生活中的此刻的，在佛语中唤作‘五障’。”

这“五障”可不是什么数学练习，我发觉，而是我最亲密且忠实的伴侣：“诱惑”、“怨恨”、“怠惰”、“烦躁”以及“疑虑”——听来像那七个小矮人似的。其实，

“五障”很好地概括了我在凝神练心时所经验到的所有问题。

也许我最大的内心挣扎便是来自“诱惑”,换了称呼还可以叫欲望、渴念或是贪求。斯蒂夫解释说:我们自以为如果有了这有了那,有了这个或那个人、房子、车子、位子,就会快乐起来。可是得到之后,我们仍然不快乐。我们仍然还要更多的、别的,而这一渴念与我们在此刻中所得到了经验的品质毫无关系。渴念何以能持续呢?因为在我们的基本需求得以满足后,渴念又滋生出更多的渴念。渴念与满足针锋相对、势不两立。正是渴念的心在告诉我们,除了此刻,还有别的。而假如我们相信了也照做了,就永不能完满地存在于当下。

就在讨论过“五障”之后的第二天,我有了与“烦躁”同行的机会。我感到自己无法专注地坐或走,一刻也不行。在想尽了过去和未来的所有议题后我终于陷在了当下,而这里没有任何可以刺激我的东西。我开始考虑接下来穿什么衣服——仿佛有选择余地似的。晚饭后(我一天当中最脆弱的时候)我编起了故事,好让这清修之地也有些家长里短的看头:“多枕先生”打坐时半途而废,把枕头到处扔,惊扰了所有人贯注的心神。“吵闹先生”和“吵闹太太”双双溜号,却在亲热拥抱时被曝了光。佛像上的好时巧克力不翼而飞,引来纷纷谴责。而“多动夫人”下次再姗姗来迟并在达摩堂外刺啦啦解开鞋子的尼龙搭扣时,所有的修习者都会扭头瞪着她,记恨着这样的遭遇,还喃喃有词:“听吧,听吧,听吧。”

那一天是我的“Dukkha”日——受苦日。

还有五天。我们正处于本次静修的半途。

我在凌晨4点醒来并起床,去达摩堂里坐下,准备重整旗鼓而操行正念。有不少修习者已经起身走动了。那位年少的背包客在外面做着伸展运动,其他人有的专心致志地在小道上行走,有的在餐厅里正襟危坐。修习者们以讳莫如深的微笑和友善的举动来相互支持,有人将我的浴巾挂在了离我的冲淋间更近的钩子上。有一位只穿了袜子走上了砾石路,以便把小路让给拄着拐杖的芭芭拉。当我遇见詹姆斯(是我给这位总是很安静地坐在我旁边的修习者起的名字)摘了几颗红红的新鲜的糙莓并塞进嘴里时,我朝他笑了笑。

我们静坐着,任由思绪翩翩而来。每个人都在攀爬着自己的山,承负着自己背包的重量。英雄气概与相亲相助都是无声的，但那僧伽的力量也是毋庸置言的。

在一个午后，我修习带着“怨恨”打坐，我练的时间很长，这使我注意到，怨恨能在体内引起两种不同的感应——回拉意向，即后撤，和前推意向，即厌恶的一种更主动的形式。接着我注意到“诱惑”只存在前推意向。

然后我便注意到，前推型厌恶有一种给人快感的特性。

这一内察让我大感意外。我对“多动夫人”的嫌恶实际上让我产生了愉悦，因为我可以说“我可不是这样”。然而，我与她并无两样，只是不愿意承认罢了。我通过正念发现，当我主动性地对其他某人或事产生厌恶时，我是在重新审视自己，将自身中我所不喜欢的部分切除或放弃。而这是会有痛苦的。

此间的政治意蕴同样丰富。种族主义、性别歧视、阶级歧视、同性恋厌恶症——均涉及自我与另一者的分离，即一种将我们贬抑乃至否认自己具有的品质投射给他人。仇恨他人身上的这些品质，便使得我们高高在上；我们可不是这样，而这可以让我们对自身同样所具有的这些矢口否认。

很清楚，解决之道在于拿出悲天悯人的胸怀，去面对我自己不愿意承认或不喜欢的那些部分，从而对他人也同样如此。这样的慈悲能让我认清自己，自己的全部，并实现一种更丰满的与他人相互联系的意识。因为不存在我没有做过或不会做的事情。只是出于对那些讨厌的、丑陋的部分的恐惧，我才对其拒认、拒收、拒斥。

傍晚出去散步时从“多枕先生”身边经过，他站在草坪上，手持望远镜看着。我停下脚步，感到很震惊：他居然也是观鸟爱好者。“多枕先生”拉下望远镜看了看我笑起来。他竖起两根手指点了点树林。我并没有看见他所在看的，但我也回报以笑容。

第二天清晨我醒来时发现衣服被血浸透了：内裤、丙纶速干服、羊毛裤。例假早来了两周。在当天攀登活动之前，我还得到200英尺外的溪边把水拉回来漂洗衣服并晾在树林里。这些额外的杂事让我情绪低迷。如果这也算是自然，那我一点儿也不想要。等所有人都离营了我开始动手洗洗涮涮，完了之后才徒步赶往攀爬地点，课程刚刚开始。

教员们正在展示如何用管状织绳做攀援吊带，如何将绳索打成“8”字形结扣，还有如何拴牢别的登山者。一天里了解这么多信息已足够；我们还没准备好学习怎么设置顶绳保护锚点呢，克拉克已到了岩面顶端，他是绕道山后上去的，那里有一条泥泞的水沟可供攀爬。杰克则留在下面指导我们。有三根绳索悬在40英尺的崖壁上，攀登者也分成三组。杰克把绳子的一端交给我，看着我将其系在身上。我挑选了唐作为搭档，让他在第一次攀爬时拉住我，他也是我徒步旅行时最喜欢的同伴之一。我知道他不会让我掉下去的。

“准备好了，”我客气地对唐说。

“不，”杰克说，“你得大声嚷嚷。想想吧，风和岩石会吸收掉你的声音。你得嚷得好像只有给人听见了才能救你命。因为确实也如此。”

“准备好了！”我吼起来。

“谢谢！”唐答道，同时还在忙不迭地摆弄着拴结。我等待着。“拴牢了！”唐终于宣布。

“爬了！”

“上！”

交替两步之后我已登上了岩石。唐拉直松弛的绳索，使之紧紧地拉住我。在抵达崖顶的锚点之前已无退路。

那天下午的时间仿佛是凝滞了。只有岩石，及其粗粝的表面和零星的地衣。在今日之前，它已静静地伫立了数千年。我们离去后它仍会在那里。岩石支撑着我足踏、手抓之处，我身体的重量因一只脚攀附住了一块凸起的岩面而取得了平衡，为此我对它生发出莫大的感激。我当然明白岩石是无动于衷的。没有情感，没有让我高攀的期望，要是我坠落了它也不会同情。我也并不相信岩石是冷漠的；我相信岩石只是它自己而已：永恒的，自足的。

“绳子再向上收！”我急切地要求道，我是如此迅捷，唐都来不及收紧拴绳了。

“慢一点，”上面有个声音劝告我说。是克拉克，他在崖顶边缘注视着我：“就这条路。其他哪儿都不去了。”

之后还要沿绳索而下呢，我心想。这就是一个女人于经期第一天在荒野里做的事情。

出山的时候，所有徒步而来的人都决定待在一起走过这十英里。而且海拔增加到 2 000 英尺的路程，换了在十天前，这简直不可设想。

我们在早上 8 点拔营起程，用了两小时不到一点的时间走完六英里抵达犊子溪。还有不足 500 英尺的海拔上升度；不见停顿的蒙蒙细雨也在催促我们上路；再就是尚有两条河要渡过，除此之外我们前方已几无阻碍。过第一条河时，我们只是脱下羊毛袜，放松靴带，并解开背包上的束腰带。小河只有约十英尺宽，齐膝深的水，因背阳而显得阴暗。我们逐个过了溪，把背包放在地上，坐下来倒空靴子里的水并穿上袜子。清晨的细雨过后，上午便阳光明媚起来。云开雾散，露出蓝汪汪的天穹和小路尽头亮闪闪的山峰，我们的路，在碧绿的草甸边缘蜿蜒前伸，脚下尽是盛开的野花。

第二条河过得要艰难一些：既宽且深，虽不背阳却很冷。除对鞋具和束腰带采取的防范措施外，我们还评估了团队里的强弱区别，并决定让杰里拿着前人丢下的一根手杖率先渡河。作为最强健的队员之一，杰里常常在最漫长艰苦的跋涉之后主动为两个炊事组运水，将四加仑水从河边径直送到山地营区，路走得还挺快捷。此刻，杰里正有条不紊地趟在河中央，踩过河床上那些圆溜溜的石头，用手杖试探着每一步，并尽量使身体顺应水流而不是与之冲撞。在最深处，水淹到了杰里的臀部。这条河可不比寻常小溪，得认真对付。我们决定集体渡河，相互扶住肩膀以保持平衡。我们终于从冰冷的水里重新现身，且精神抖擞。该吃午饭了。

那天我只照了一张相片，是午饭间隙时照的。是伊丽丝、拉里和我的半身照，看来颇有自信的样子。伊丽丝给秀发装点了棕白相间的羽毛和一把小白花苞。拉里居中，手臂挽着两位女士，蓝色大手帕系在头上，手帕的一角高高竖起，仿佛他就是临时国王一般。他的手平摊开越过了我们的肩，脸上半带笑容。我在他身边，穿着剪掉了袖子的蝙蝠侠 T 恤衫，头发束成了高高的马尾辫，一只手搭在臀部上。三人都一副不可一世的模样。我们知道当天的旅程才过半，而我们是团结在一起的。

午饭后,随着事先选定的路线我们离开了小路,高奏的凯歌很快又变成了果敢的意志,我们披荆斩棘地来到那座山的碎石坡山脚,然后还要径直上攀,到一座湖去扎营,想必是在山头那边了。昨晚在研究讨论时,路线貌似是切实可行的。可当我们向上行进时,一切理由都站不住脚了。他们几个当头儿的为什么任由我们挑了这线路呢?似乎要嘲弄我们动摇的军心一般,我们听见上面传来稀落的召唤声,抬头看见了远处几个面孔,并认出来那是克拉克和杰克,他们高高在上,嬉笑着并挥舞着手,然后不见了身影。这证实了我们所担心的:选定的路线的确就是这条。

爬山的过程中,时间仿佛静止了似的,事实上一离开小路它就走得慢下来。低矮的灌木刺痛了腿,走在山坡上不住地打滑,立足之处总感不够踏实。为安全起见,我们轮流领路,每隔一小时左右便换位,这样在缓慢上行途中,每个人都有机会选择最容易的线路,如此设立我们自己的迂回路径,从而把对地面的破坏程度降至最低。斜坡的角度常常十分陡峭,我伸出手便可触及身边的坡面寻得支撑。我从未想过这么陡峻的山坡还能徒步走上来,尤其还是在满负荷状态下。

更糟糕的是山顶看来还遥遥无期。每当我们以为接近了山巅时,抬头再看一眼希望便破灭了,因为我们看到的并非真正的顶峰,还有更高的在上头呢。我在其中这样的一个时刻里,在两棵树旁停下来喘口气,树后有一根伐倒的原木在下山路上停在了这里。原木顺陡峭的山势而伏,其高度真好让我把背包底座搁在上面,让肩上的重负缓解一下,也让背部透透气。我们已经懂得了在什么时间什么场合解除或搁置一下背包的重负。在这里,假如我现在就卸下背包,那么面对如此的陡坡和疲乏我是再无法重新背负起来了。

休息一下。眺望下面的山谷及其蜿蜒穿过的溪流,我知道我们是有进展的。休息一下。只是脚还得以一定角度抵在山坡上才能撑住身体,我的膝部并拢向后,这样体重都落在骨骼上,所有的肌肉都得到了休息。呼吸。

拉里迈着沉重的步子走过来坐在我旁边,搁下背包,喘着粗气,同时也欣赏着景色。

"亲爱的,"在拉里喘息甫定时我说道,"今晚我不想做饭了。咱们出去吃吧?"

"我知道你劳累了一整天,"拉里不无同情地说,"办公室、电话、客户——回家路上还塞车。你是该歇歇啦。”

拉里停顿了片刻，有一只秃鹰正在我们头上悄无声息地滑翔，它注视着远在地面的小鼠小兔时脑袋会偏向一侧。

“我们为什么不叫外卖呢？”拉里建议道，“我们可以打电话给那个你很喜欢的有机比萨店，我可以租一盘录像，我们就可以待在家里了。”

“你可对我太好了，”我答道，每个字都是全心全意的。接着我们拉起背包，继续着高山仰止的活动。

在静修的最后一晚，冷山迎来了比尔·汉密尔顿的骨灰，他是“达摩种子磁带库”的创始人。比尔曾在惠德比岛居住过，在西雅图僧伽中朋友众多。那年的三月，比尔被告知得了胰腺癌。来静修的一位女士简述了他住院、动手术的经过，并惊叹于他在病痛期间还是那么和蔼可亲。比尔很希望能全身葬于苹果树下，但这在华盛顿州是不允许的。于是人们在此地准备了一小株苹果树，在池塘边挖了一个坑，他的骨灰安放在了这里。

树种下时，比尔的朋友邀请我们每人掬起一捧骨灰撒在坑里。无论我们与他本人是否熟识，我们都是同一精神团体的一分子。比尔的朋友费力地想启开那只塑料骨灰盒时，我走上前去帮忙。父亲的骨灰 23 年前便是装在这样的盒子里，我是不会忘记怎么打开的。

我不知道自己是否能够掬一捧此人的身体并撒在树根部。其他静修者都依次做了。我看着他们，认识到自己的不情愿之后隐藏着不情愿面对死亡，尤其是我父亲的死亡，以及不情愿接受这样一个事实，即生命终究是暂存的。在过去的 20 年里，我一直企图抓住父亲的生命，不愿放手，不愿接受他的死亡。难怪现在我仍然还能感受到这不可思议的苦痛。

良久我才向前一步，掬起一捧灰撒在地上。我将心神贯注于此刻，于此君，比尔，和他所有的善举。

以这种方式结束静修，看来是再合适不过。

在荒野的最后一晚，克拉克拿出一捆攀登绳，并请我们围成一圈坐下。我们每人以一个绳结来向另一人表情达意，感谢其在旅途中所做的贡献。如此，绳索逐渐将所有13个背包客都编织在了一起，我们中有好些人还对不止一人表示了感谢。当150英尺的绳子悉数用上时，克拉克请我们起身，同时抓住绳结并身体后仰。当我们站在山崖上身子探向空中时，我们相互感恩的力量将我们拉住，即便在悬崖上也确保着安全。

在坐NOLS的巴士的回程途中，我望着窗外，泪水不住地流。十天里，素不相识的人聚拢在一起寻求生存之道，在这样一个地方，它激发了我们最深沉的力量，也暴露了我们最深刻的弱点。徒步旅行要求我们只带最基本的用品，而事实证明这已足够。十天里，我发现了一个场域，而这一发现活动显得那么真实，其他的一切与之相比都无关紧要。如何将这种野性的自我，这与土地的联系，这人类相互依存及我们生存相互关联的清晰事实与必要性带回到城市的生活中去？

在驾车数千里的返家路上，条条公路在我眼里皆成为地形图，我避开公共休息区，改而开到路边择地小解。我感到无家可归，在荒野与城市间挣扎，对穿着靴子踏在山岩上以及手指插在岩石缝隙里的触觉还记忆犹新。肉体的感受无法消弭。此时，我早把自己放归了大山，因而才深觉继续前行时已无法将其割舍。

可当我进入城市时，我意识到了自己视野的改换。我不光看公路和街巷的标志、楼宇及广告牌，还注意到榆树、枫树，道路之间繁盛的野草，还有在湿地上随蒲草摇曳的红翼鸫。野性的土地就在身边，径直推进到了城市里。我们还未能将其扼杀。我可以把所有学到的东西带回来：最小影响伦理学、个人用品简单化、寻找路线、关注水、有意识地充分关注每一时刻、我们一切生命形式的相互依存。

在静修活动的最后一天清晨，我与往常一样4点起床，顺着雨水打湿的砾石路去餐厅。黑暗且蕨丛密布的林子不再使我张皇；在我脑海里曾出现过更令人惊悚的阴影。在灯火昏暗的餐厅里，我看见了"吵闹太太"和"多枕先生"。我坐下来张望窗外灰色的黎明。多枕先生，我寻思，只是想脱离痛苦罢了，和我没什么两样。而"多枕先生"没有意识到那是不可能的。他以为更多的枕头或能助他解脱。

我也经常调整坐姿,寻求这同样的解脱。我们都没能接受的是,这种痛苦的解脱只是暂时的。

我环顾餐厅,看见其他修习者在喝咖啡或茶,带着准备淋浴的衣物。这些人和我要着同样的东西,他们来这儿努力寻求更充分地了解自己。

云山的确是个复苏之地,修习者在此可戒心灵的毒瘾而抵达思想的明澈。在这里,我们跋涉在自己的心灵与肉体的荒野中,练习如何更丰盈地活在此刻,就像现在。在其《仁爱》一书里,莎伦·萨尔兹伯格(Sharon Salzberg)写道:“顺其自然,方能获得宁静。这就要我们在生活中随遇而安。”

第三年　家园/经济学

这一价值观的关键在于：人们应当首先懂得并铭记环境恶化与不可持续的生活方式之间的联系，这样才能在强烈感受到的需要和信念的驱使下，有意识地通过环境保护来努力提升生存质量。

——旺加里·玛塔伊，《绿带运动》

面对全球化，我们已走向对本土自足式生活的恢复。

——温诺娜·拉杜克，《白色地球土地复原计划》

女性主义经济学手段在对绿色经济的倡议中尤其重要，因为后者强调了本土和社群。假如缺失了性别意识，本土和社群则仍走回到偏狭与父权统治的老路上，女性则在其中承担着最卑微、低贱的劳动。

——玛丽·梅勒，《生态女性主义政治经济学：整合女性主义经济学与生态经济学》

登　山

在通往贝克雪山的蜿蜒的公路上，罗杰给八个登山初学者演示如何在攀援绳上打结，开面包车的是巴德。鞍带结、蝴蝶结、普鲁士结、“8”字结——我们都要学习或温习。这个登雪山的培训，以及另一个周末的冰河之旅及冰隙营救训练，都是我们这些希望在七月参加贝克山登顶活动的人所必须学会的课目。在这些绳结之间我们瞥见宽阔而湍急的努克萨克河，因春天山雪及戴明冰川的融化而上涨了不少。在我们两旁，安山石和玄武岩锯齿状的外凸部分陡然拔起，洞穿了堆了有 30 英尺甚或更高的雪，这提醒了我们，扫雪机为扫清路面已经苦干一整冬了。在五月初这个晴朗的周日，纯蓝色的苍穹将火山岩峰上的雪和巨石映衬得如同浮雕般清晰。

巴德说，北川山脉聚集了就他所知的最多样化的物质。最初有一座小型洲陆这么大的岛屿，连同其自身的火山从南太平洋漂过来，一头撞进了北美板块的这个部分，从海床隆起，把北部的岩石与南部的火山连在了一起。“看见‘桌山’了吧？”巴德指着一处岩石和白雪组成的山体，其山巅平整如台而不似尖峰，“那儿的石头都来自海底。”

这些多样化的质料共存已久，故鲜有人问及其是否本该合为一体。没有人提及这些来自海床的岩石如何能企及与雪、天共舞的9 000 英尺的高度，最好还是回到应该归属的幽深的咸水里罢。没有人质疑说，地质俯冲带或许对这些变质岩来说压力太过巨大。可是山已然屹立于此，似乎把上述疑难都解决了。

与山不同，我们这伙攀雪的人无出预料是均质的。八名学员中有六位三四十岁的女性，其中只有贝丝和我是女同性恋，这点差异其他人也许看不出来。而两位男指导则不出所料是异性恋。闲暇、兴趣、体力、装备、历史——这些对他们来说唾手可得。我们群体的另一个特点是：与雪一样，所有人都为白种人，所有人都是付出了金钱和时间来这里的。

在第一次攀雪山训练课上，我们站在齐膝深、很有黏着力的厚雪堆里，于耀眼的艳阳下，眯缝着眼看着指导教师，后者在讲解绳索、锚点、拴缆的机械原理。罗杰向我们展示如何设立固定锚。巴德则在雪里竖桩，并绑上某种织带和铁锁，然后将自己的绳索夹在锚上。他的皮带上配有两种拴缆钩，在集体越过岩石和冰面上行途中，这些由合金或合金钢制成、形状不一的设备可以保护彼此不会坠落。其中一种名曰盘状保护器，为一钢制圆片，上有两个椭圆孔，下方则有一金属螺线。另一种叫作“猪鼻子”，在其金属环中同样配有兼容的椭圆孔，只是呈更加细长的管状。这被称作“空中交通管理员”，或“空管”（ATC），该名号表达了玩家们对他们所有在岩石、冰块上演示的特技，对力量、控制及权威感受的炫耀。“这玩意儿可是艺术，”巴德神定气闲地对我们说。

我不禁莞尔。我记得在锁扣环普及之前，自己还学着用两个简单的扣环来作为拴缆装备（卡口相向反转）。即便在那时锁扣环的价格也是普通扣环的两至三倍。在需要绳索垂降时，我用的是蓝色或紫色的 8 字下降器。携带一件双功能装备而不用几件，合情合理。

“8 字器已经老掉牙了，”巴德告诉我们，“以前登山的人用它来垂降时，把绳子绞缠得不可开交，下一个人得完全解开绳子才能重新使用。”

这个问题可从未困扰过我或是我以前的队员，或是任何一个与我结伴攀援的人。大家都明白比起 8 字器来，“猪鼻子”是更棒的拴缆器具，更新式，花费也更贵。很少有人得到，大家都想拥有。

那时我最中意的攀援搭档汤姆拥有全套最新行头，尽管他还没有完成工程类本科学业，从事的工作也零打碎敲的。当我们大多数登山爱好者还在用六角扣和闭锁器等防护工具时，汤姆已经有了好几样凸轮传动器材。当他买到最大的 4 号凸轮时，他走到哪儿都带着，向人们演示这个宝贝可以在任何地方建立锚点：餐厅的桌子之间或是一张椅子的两个靠垫间、家门口的石台阶下，甚至汤姆的嘴里，假如嘴张得足够大。

我们相遇时汤姆还是我科技写作班上的学生。有一天汤姆带来了他最近登山活动的照片，于是我们发现了对登山及户外运动的共同爱好。之后我们在电脑实验室一有得闲便聊攀援。课程的最后一天，如我每次上这门课都会做的，我走到学生中间去，首先问他们，有多少人知道某某是同性恋或双性恋，而在 24 个学生里只有三个举起了手时，我告诉他们下回可以都把手举起来。我告诉他们这是我给出的一份礼物。此前在课上，这种关于性差异的信息并不是很重要，但是此刻既然他们了解了我是何许人也，他们就可以将这一情况叠加于已经知道的，而不是单单从我的性取向角度来看待一切。

这些学生多来自明尼苏达州北部的小城市，属第三代斯堪的纳维亚移民，第一次来到德卢斯这样的“大城市”。我的宣告并没有引起他们表情的变化，有的人转移了目光。可是汤姆的视线自始至终没离开我，下课时他邀请我同去登山。之后我从朋友那里得知，那天我在班上的勇气给汤姆留下了深刻印象。他说他很想同敢于在恐惧之中前行的人一起爬山。

我们的社会对于阶级特权和阶级差异的考量，甚至比对种族、性别或性取向差异的研究还要少。我们满以为自己生活在一个无阶级的社会了，因而阶级差异就更难以辨认。除了巨富和赤贫者外，几乎所有的人问起来都会自称中产阶级。然而阶级与金钱并非一回事。如乔安娜·卡迪（Joanna Kadi）在《思考阶级》（*Thinking Class*）中所解释的，阶级身份有多重来源：教育、价值、文化、收入、居住地、生活方式、行为举止、朋友圈、血统、语言、期望、欲望、权利意识、宗教、左右邻里、隐私的数量。卡里亚蒂斯·卡尔代亚（Caryatis Cardea）在《凶险的智慧》（*Sinister Wisdom*）中谈到阶级时说，你对你自己在这个世界中的意识，仅部分地来自金钱。其他还有，比方说，我母亲是教师，而不是学校放学后打扫厕所的那个。

这些在 12 岁以前便知晓的阶级差异会影响我们终生，影响我们思考世界的方式，影响我们所能把握的机遇，而且无论日后生活如何变迁也始终独立存在——无论赚了多少钱，达到了怎样的教育水平，在何处居住或工作。

还影响着我们登山的方式，假如我们还想登山的话。

汤姆属于劳动阶级，想要做的事情就是登山——热爱攀爬，事实上热爱着户外的一切。他曾邀请我晚上去爬墙，为研究一条完美的上行路线我们可以一起待上三个小时。事实上，完美便是他追求的目标，他为此而狂热——不过说真的，他对所有感兴趣的东西都很狂热，这是一种既成就他又能挫败他的品质。他攀爬的路线数不胜数，还设置游戏来挑战自己，并告诉拴缆保护人："好啦，现在我不用左手就可以爬"，或者"现在我要蒙着眼睛爬"，或者"现在我不用这四个支撑点（指该路线的主支撑点）就能上去"。他总是要同伴和他一起玩，有时候我也答应，但汤姆的标准对我而言可不是轻松的游戏，高不可攀。现在想起来，我寻思这甚至对他而言是否也非游戏，抑或只是一种自我惩罚的形式、一种克服自满的途径，直至他达到了某种难以企及的高度，完美得足以保证能够得到应有的爱。当时我没想到过汤姆能在岩石、自行车上尝试如此狂野的表演，甚至是漫不经心的，因为他觉得无须患得患失。

在雪山的第一天，我们学习了走雪路的基本知识：在覆满冰雪的山地里上下行路，怎样走踢步、鸭步以及法式步①；怎样用冰斧来防止下滑，这叫作"自阻"；怎样在被绳索牵在攀援团队里时翻过雪堆，怎样安置、清洗锚点，并在其他队员摔倒时能确保"自阻"。我们练习用所有能想得到的姿势沿雪坡下滑——坐姿、头朝下俯卧、头上脚下倒退——以确保我们能够使用冰斧迅速而安全地阻止下坠。

对于失控的危险，有的人较其他人表现得更为淡定些，他们相信自己的身体以及新获得的技巧能够使自己化险为夷。有位女士想尝试下滑都很困难。当巴德注意到此时，便将小组带到一滑坡处，滑坡离底部平坦的雪基有十英尺，我们就在这里练习起来。这个较短的距离使该女士感到很安全，乐意让自己滑下去，先失去控制再进行"自阻"。巴德平易近人的教学手段对于我们所有人都很有效。

最后，在一适合进行制动滑降的地点——从小山顶挂下，坡度垂直但表面状

---

① 法式步：指法国人 Yvon Chouinard 于 1978 年出版的《攀登冰雪山》所包括的一系列攀援技巧，现已被奉为此运动的经典指导性著作，其中的核心步法强调将冰爪鞋的所有鞋钉嵌入冰雪，而不是像通常那样只插入前端。参见专业网站 http://www.climbing.com/skill/french-technique/。

况单一——巴德和罗杰向我们演示了如何用冰斧尖头作为制动器，同时让斧子另一头的冰镐和铲头始终朝外偏向一边，以远离身体。轮到我时，我选择头上脚下倒退的姿势滑下这里的陡坡和隆起的岩石。我感受着身下冰雪的奔突，眼望雪峰之上蔚蓝的天空，并让自己越滑越快，最后才抽出冰斧越过肩头，将冰镐和肩一起压进雪里。当我滑到底，兴奋地大笑时，罗杰平静地告诉我，对斧尖还要格外小心。显然我很可能会刺伤大腿，甚至割破股动脉，如果以我持斧的姿势误撞上凸石的话。坠落而亡，或失血而死——我需要学习如何同时规避两者。

于我，这是冒险。于他人，这或许是不必要的风险。也许说到底还是看怎么定义冒险及风险。

米哈伊· 奇克森特米哈伊（Mihaly Csikszentmihalyi）在他的著作《流溢》（*Flow*）中，将“流溢”解释为风险与技巧的平衡，此时冒险者使出浑身解数，超越先前的极限，但仍然在可接受的风险范围内。流溢为一种对以臻能力与耐受的边限的意识——但它并非明知不可而为之，因为根据其定义，如若不可为，那么尝试且失败的后果可不是儿戏。流溢是关于成功的描述。

中产阶级与劳动阶级，女人与男人，同性恋与异性恋，白人与有色人种，都有不尽相同的风险和冒险意识，而这些并非内在差异，而是对安全与维系的实在评价，其基础则是我们生活的社会与物质条件。

很多登山者在走入荒野时，其背包里都有不少专享品，既装着有形的东西，也装着无形的。有形之物包括买这背包的钱、高泰斯面料冲锋衣、攀登及野营用具、靴子和头盔等必备品。新近的附属设备还有手机及全球定位仪（GPU），该仪器能准确测定方位，并且在携带者被埋于雪崩之中或出现雪盲症状时可以向其他人发送信号。无形资产其中就有时间：习得攀登技巧的时间，不用上班也不用做家务的时间，旅途本身所需的时间。最紧要的财富当属对风险和安全的意识。这些专享之物还包括你的信心：在遭“不测”之时坚信自己会得营救。登山客中极少有人觉得此次便是最后一次了，总归有看不见的救助者前来驰援，这一信念在中上产阶级白人那里尤其得到了强化：仗着雇主提供的健康保险和长期残疾险，仗着车险和牙病险，仗着遗产和信贷，这些习惯了专享的人群总是能收到将会得救的信号。登山客们总是可以得到搜救。他们的失踪及获救成为公共的、有新闻价值的事件。但是当一位女服务员得不到子女抚养费且无力送孩子去日托班时，救援队和电视摄像机却没有了踪影。

我们视何物为英雄壮举？何为富有意义的冒险？

也许去冒险、将自己的能力推到极致、去挑战自己，是人的本能。连害怕滑降和自阻的女性也心怀登高的愿望，只是她甘冒风险的程度有所不同，既挑战极限而又能使自己达到目标。当一个女人在日常生活中已身处重重险境，那么置生命于不顾去翻山越岭的念头，从好处说是无谓，从坏处说就是无聊了。

穷苦的劳动阶级每天的生活都如同涉险。他们干无健康保障的活儿，因为这或许是他们唯一能得到的工作。他们工作的时候并不指望出人头地。女人独走夜路时也在冒险。而有色人种在美国乡村开车也是一种冒险，更不要说走路了。

难怪这些饱经忧患的人看见攀岩照片时会理直气壮地问道："怎么还有人愿意干**那个**？"

我们的指导选择了紫岭小道作为冰川行走和冰隙营救课程的训练场域，这条四英里半的小路径直通往贝克山科尔曼冰川的一条冰流。那天清早，当我们在路头停好面包车拿起背包时，天已开始下雨，但往上步行两英里后雨即变为雪。我们披着雨具流着汗，喘着粗气走之字形路线，在烂泥与融雪里一步一滑艰难地翻过倒伏的树木，同时还要平衡好50磅重的背包，但一行人还是稳住了阵脚。打头的硬派背包客戴夫是个高个子，有些谢顶，步履沉稳而迅捷；劳拉则是年过五旬、身材娇小的意大利女人，但多年的拓展训练教学阅历使她仍保持着强健；还有我这个中年大学教授及有氧健身癖。我们有说有笑，步伐也未放慢，直至来到雪原，按计划停下来等其他人。我们在此更换装备，取下冰斧和带钉鞋底，披挂好攀援用具，且用绳索拴在了一起，四人同在一根160英尺的长绳上。

戴夫与先前一样领头，紧随其后的是我，还有劳拉，但这次贝丝夹在了劳拉和我中间。贝丝告诉我们她的膝盖不够结实，于是在攀援和平衡身体时她都用滑雪杆助力。穿过第一片雪原没多久，我便在贝丝和戴夫之间拽与被拽：拉紧身后的绳子激励贝丝向前，同时把我和戴夫之间的松懈的绳段挽成圈。有好几次当贝丝突然停下时，我都无法踩稳脚步而不住地下溜，而朝山脚移滑的雪堆以及笨重的背包都使得重获平衡更加不易。

假如劳拉没有叫住我，那最后一英里半的路我便会一直这么拼命了。让我大感意外的是，她告诉我最慢的一个并非问题所在。把戴夫和我之间松弛的绳子卷起来，给我造成了很大的安全隐患；如果我们之中有一人坠入冰河裂隙而其他人采用“自阻”制动，那么原本松懈的绳段会使我们下落得更远。要纠正这个问题，劳拉建议说，我需要表现得与冰上行动节奏合拍——我们是拴在一起以保安全的，我不可按自己的步调而置全队人员于危险之中。

此刻我才记起来：在高山峻岭之上，人的价值观是逆转的。相互依存，而非各自独立，乃是生存于此的关键。

当劳拉替换戴夫来领头时，便放慢了步伐，保持一个所有人都跟得上的节奏。于是我们过冰川时，绳索始终都绷得很紧。

在苏必利尔湖北岸的登山爱好者中，汤姆的全套行头是出了名的：整橱柜的弹力纤维短裤和紧身衣，以及他对各种色系与款式的搭配的乐此不疲。记得我们在一块儿爬山的那几年，他穿红色弹力短裤和蓝色防风夹克，别一只腰包。汤姆和我在南达科他州的尼德尔斯、亚利桑那州的莱蒙山以及明尼苏达州肖威尔彭特、帕里塞德海德、布鲁芒兹的攀援活动中都是彼此拴绳互援的。翻那些年的照片，我看见汤姆在南达科他州一次三绳段攀援的顶端踢花毽；汤姆在一段 900 英尺绕绳下降系列动作的第二段，身体后仰，舌头桀骜地伸出来舔触着鼻子；还有一张是在苏必利尔湖畔的帕里塞德海德，我正一边以拴绳护援汤姆、一边却作漫不经心状忙着查看自己的指甲。“这就是我的拴绳搭档，”汤姆给人看这照片时喜欢哼着鼻子说，证明他并不怎么需要拴绳保护。

在我最喜欢的照片中，人的脸是看不见的——只有尖峰的剪影，我两的身体由天空映衬着，而拴绳从我们手掌及吊带中垂下来。汤姆和我想在崔库尼内尔峰来个“双降”(simulrap)，那是尼德尔斯的一座有三个山头的尖峰。为此，汤姆得领先攀爬，一路通过拴绳援助我上去，并等待我在山顶锚点系好。然后汤姆和我在山头之间安置好两副“9 毫米”绳，同时使绳端顺着尖峰相对的两侧放下去，接着相互拴好绳子，松开锚点。在山巅的那一刻是很难熬的，我们各自从尖峰相对的两侧仰身朝下，中间隔开五英尺但仍然面对面，我们意识到唯一支撑着我们的正是各自身体的重量。如果有一人搞砸了，两人就都要坠下去。我们停顿下来，四目相对。

“我抓着你哪，”汤姆安慰我。

“骗人，”我奚落他道，“是我抓着你。”

在薛华举办的中国新春聚会上，我听见两个环境专业的白人小伙子分享着各自的攀援经历。有一个去了中国爬山，另一个则在尼泊尔徒步旅行，两人都在亚洲东南部的高山之中玩过滑板滑雪。其中那个叫约翰的告诉我们这一小撮雄心勃勃的登山爱好者，北美五个最棒的冰山攀援者中，有四个已经身亡。我们倒抽一口凉气，惊恐地面面相觑同时亦百思不得其解。

第一世界的登山者去远在万里之外的国度，那里大多数的人民因全球贸易协定而生活贫困，而这些登山者自己的国家却因此受惠，这意味着什么？雇当地的人在他们自己国家的荒野里做向导，这意味着什么？去了荒野，了却了登山的心愿而没有利用本地的向导，又意味着什么？

殖民主义在哪儿才算终止？

只在一特定社会语境内部谈阶级特权是否合理？抑或，在全球化经济之中，我们可不可以在全球范围内谈阶级特权？

高空跳伞。蹦极。走冰川。缺乏健康保险的生活。这其中哪些算可以接受的风险？哪些是有意义的风险？哪些可以让大学生们肃然起敬，且在你离世之后还能带着尊崇念叨你的名字？

冰川攀援或是火山登顶，算更有意义的风险吗，还是改变你的经济生活结构？

有一天夜里我梦见自己在一座三层楼的体育馆里，第三层有一圈跑道。在其中央以及在跑道边缘，从天花板吊下琳琅满目的健身器材：吊杆、吊环、爬梯。一张宽大的弹力网一直悬垂到一楼之上，且纵向延伸达体育馆长的一半，这样一来三楼的健身者可以锻炼并挑战自己的极限，铤而走险，摔下也不过是在网里弹跳起来。在体育馆的另一半则可以随心所欲地打篮球。我正从健身者中奔上跑道，当迎上一副吊杆时，其余的慢跑者助我上了吊杆并在体育馆空中荡起来。我现在回想不起当时在杠子上的感觉。我仿佛不是第一次练这个了，对自己的能力充满信心。然而一旦我飞到了空中，只靠双手抓杠时，我意识到自己没有涂白垩粉也没有戴护腕。我的手开始出汗打滑。我大呼求救，下面的人赶忙将保护网从体育馆的另一头移到我下面的这头。但是保护网硕大而沉重，他们移得不够快。我还在下滑。

我这才醒来，深深地意识到少了保护网时的感受。

在穿越几片雪原之后，我们拴在绳子上的一行人到达了一座冰川侧碛的岩石边缘。我们脚下，科尔曼冰川的蓝白色主体蜿蜒流长，其上布满深深的裂隙。这将是我们学习冰隙营救技巧的训练场。此时则该安营扎寨了。

贝丝和我决定待在一块儿，却找不到一处支帐篷的平地。不论走到哪儿都只见雪地平缓倾斜甚或危险地陡然向下。我们满腹狐疑地看着指导员拿出雪铲，并解释营建帐篷垫的技术。在显而易见的雪崩路径的任何一处都能够实现。我们只须铲出足够安放帐篷的平台即可。贝丝和我有些踌躇地轮流铲起雪来，直至建起了疙里疙瘩但还算平整的帐篷台。接着贝丝把她的帐篷支起来，并将我们的睡垫和睡袋放了进去，我则开始做饭。当她准备停当后便叫我过来看。

此时我才发现贝丝的帐篷基本等于是屏风围成的。

在准备会上，贝丝和我说好了要同住帐篷的，而且在需要携带的装备上也做了分工：帐篷、地垫、炉子、燃料、食物。贝丝没有检查我的炉子；我也没去看她的帐篷。我们对彼此的登山技术和资源都有些想当然。我俩谁也没准备冬季睡袋，但指导员向我们保证，住在帐篷里，三季睡袋对付山里的一个夜晚也够暖和了。当然这一保证取决于帐篷得是完全密封的。

贝丝似乎并不担心夜里会冻得要死，而我也尽力不去想。我们早早吃了饭便离开帐篷，走半英里去冰川上进行第一次冰隙营救训练。

就在指导员评讲为“Z”字形滑轮救援系统设置绳索和锚点时，天开始下雪了。风也随之而起，生硬、蹦脆地抽打着冰川表面。太阳躲进了云里，气温骤降。登山学员跺着脚，听着讲解，并穿戴上帽子和防雪服。讲解过后，我们就要练习运用普鲁士结爬出冰隙。

可我禁不住总在想那帐篷，此刻里面一定充斥着风雪。我趁罗杰单独在绳索上时说了我们的情形。除非团队内的资源能解决问题，我分析道，贝丝和我理应获允趁天还未黑步行出发，在面包车里过夜，早晨再返回。

罗杰叫来了巴德，两人走到一边去商量。接着罗杰带着决定回来。两个指导员都带来了冬季睡袋以及冬季用保暖帐篷。他们准备跟贝丝和我交换装备。

在告诉贝丝时我已经泣不成声了，两位指导的慷慨让我感动不已。明摆着那透风帐篷是我和贝丝之间的意思误解，而指导员们则不让我们自食其果。在这样冰山冻雪的世界里，如此的慷慨便意味着生命本身。

那天夜里，风刮得锐利而刺骨。贝丝和我暖暖和和地躲在自己的睡袋里，听着雪击打着帐篷的外壳。夜深时分，落雪不断，帐篷里越发的温暖。清晨我们醒来时，看见蓝汪汪的天空和蓬松的白云，以及四周至少六英尺的积雪。

巴德和罗杰说他们睡得很香。

在我和汤姆最近的一次通话中，他谈到了自杀，以前他也曾提过。我尽力列数种种别这么做的理由，其中最重要的便是那带给亲朋的痛苦。当然，我们也认为那不是活着的原因——只是一个不去死的原因。我们还拿在德卢斯附近看到的宣传牌开玩笑，那上面写着："自杀的头号原因：有抑郁症而不治疗！"仿佛这是什么新发现似的。"嗯，还能会是什么？"汤姆嘲弄道。"还有二号原因么？"我答道。汤姆说他很想就在那个牌子下面上吊，先从那富有洞见的分析文字上画个箭头，指向他尸体挂的位置。我们接着转向了积极向上的话题，之后在觉得不会危险的情况下，我才挂了电话。你没法用拴绳无限期地保护着谁。时辰一到，他们还是得自己攀上抑或坠下。

数月之后，汤姆用一根攀登绳自尽于公寓房的走廊里。戴夫，苏必利尔湖北岸第一攀登高手，因汤姆的爽约而在次日发现了他。戴夫说那绳结打得自然是很完美的，诡异的情况在于他的双脚是触地的。没有踢翻的椅子，也无打斗的迹象。汤姆只是用绳子绕脖向后一倒了事。假如在意识的最后一刻还想求生，他只须站起来就行。

让我心碎的是他用了攀登绳。这根绳维系着汤姆与其他攀援爱好者以及我这个搭档。攀援界有很多不可思议的英雄事迹:那些勇士被雪或落石埋住,人们在找到其断肢残臂时,常常发现有一只手还紧紧缠绕着绳子——防止其搭档坠落的手——证明攀登者哪怕在面临死亡时仍然保护着领头的队友。汤姆的自杀使我们感到似乎是我们自己犯下了不可饶恕的罪过:当汤姆在攀爬时,我们松开了手。

为什么会有人攀援?我们中很多视之为去户外的一种途径,如同其他人去钓鱼或徒步旅行一样。我们攀援,是为了加入攀援运动的圈子,这儿通常都是些嘻嘻哈哈的玩乐派,他们还没有忘记玩耍的意义、在无所事事、发呆中寻找到乐趣,他们是那种可以将"工作至上"的精神暂抛一边的人。我们为体验躯体的激越而来,为了体验用我们肉体自身的力量与狡黠而得到的愉悦,为了那因在岩上的恐惧和欲望而喷发的肾上腺素,为了生命因无限接近死亡而获得不可思议的快感,还有那攀援者及其保护者之间的相互依存。安置锚点时闭锁以及拴绳装置发出的叮当声,我们用手盘起10毫米绳时,那种带些灰尘的柔顺感,这些都让我们想入非非。我们几乎所有人看着竖直的岩石时都会感到欲望的翻腾,体内一种奔向那岩石的莫名冲动。

"那是一种'上举'的东西,"我们说。

我们很多人将攀援作为一种途径,学习如何面对恐惧前行而非为其吓倒。恐惧与欲望之间的张力便是风险,它是攀援的关键所在:为了达成攀上石崖的欲望,你得带着恐惧攀爬,置安全于不顾;你得放弃眼前的支撑点而去寻找新的。假如被恐惧"攫住"或是吓倒,你就会拙劣地紧贴着岩石不能动弹,致使原本稀松平常的情势也变得险恶起来。攀山的圈子里有句俗话:速度即是安全。你需要不停地腾挪、活动,才能保持住平衡。

伤亡风险的存在使得攀援成为强度极高的运动。带着恐惧和欲望在岩石和冰面上挪移,这迫使攀援者全神贯注于眼前的时刻,仿佛命悬此线。

在五年没有再摸岩石且几无冰雪运动经验的情况下,我决定去爬贝克山。自迁居贝灵翰姆，贝克山白雪皑皑的顶峰便一直占据在日常生活的景致里。它的存在几乎触手可及，尽管一年有九个月或更长的时间其顶峰都是云山雾罩的。对于贝灵翰姆的登山爱好者而言，这座火山岳是具有象征意义的、精神性的家园，表达着一种非分之想。我一定得去。

六月下旬，登顶贝克山计划的确认函发到了我的邮箱。我被接纳了。信封里除了装备清单、医疗授权协议书、资料单外，还有一份自评问卷调查，用以核查登山新手的实际状况。调查表用粗体字问：您有超重 20 磅吗？您自认为身体状况优异（而非良好）吗？从此刻起直至登山之时，您是否愿致力于一项定期的心血管锻炼计划，即每周四次，每次一小时的游泳、自行车、有氧健身操或是跑步？您是否能熟练掌握打包、背 50 磅的负荷、在山间小道上徒步、支帐篷、使用便携式气炉，以及远在“文明”以外的荒野里照顾好自己？您是否愿意支付本次登山所要求的资金？这样的自查问卷消除了我所有的疑虑：没有谁于登山是有特权的。

在登山前三天的准备会上，探险队成员聚在一起把目标、路线、器材等事项又过了一遍。我们轮流做了自我介绍，也只是说了说名字和加入此次登山的动机。其中有来自伦米岛的 30 多岁的夫妻档——德德和卡尔、安妮和戴维，他们很愿意用一根绳同上下。也有年龄不确的中年单身人士：马克，高大而安静的领头羊，身体如磐石般强固；个子同样很高的杰米，是一位儿童心理学家，坚硬的短发和硬朗的身躯使他即使在静止中也仿佛散发着能量；约翰，一位饶舌的会计师，腰间有一圈卡车轮胎般的赘肉，他总在炫耀自己的财富和满世界的旅游。

这一回我们走南线，驾车绕贝克湖抵达舍瑞博草场的山道起点。从那里我们将徒步穿越硫黄溪流域，并在渡过多条小河后攀上山坡，沿一条名曰“铁路坡”的山脊路接近伊斯顿冰川。这里的山道确如铁路一般平坦而顺畅，不过两边山坡则是陡然直下。行进了六英里、向上攀了 2 500 英尺的高度后，我们就走完了冰川的一半，并在那里即 6 500 英尺海拔的高度建大本营。我们在营地做饭，并准备好登山用的绳索和冰斧。午夜时分，我们将扎好绳子开始攀余下的 4 000 英尺。首先是从伊斯顿冰川到火山口的 3 000 英尺，然后是一段 900 英尺相当艰苦的垂直山体，被称作“罗马城墙”。

巴德语重心长地说，若有谁力不从心，都可以留在休息区域，舒舒服服地钻在睡袋里，垫着恩索利泡沫，让其他队员去登顶。不止我一个人向约翰投去了怀疑的目光，看他据此如何对自己的命运做出安排。然而巴德依次看了看我们每个人，问是否同意。我们都无异议。

我不知道有多少人在默想，那可别是我呀。

登山活动前一天，我去了贝灵翰姆当地的登山用品店“探险营”去取租用的装备。从上次的裂隙营救课程上我已知道，那些不属于我的器材也得花 75 美元租下来：软塑雪靴、12 点钉鞋、冰斧、高泰斯面料防雪裤、长筒橡胶靴。此外，登顶活动还需要买或租额外装备——两只一夸脱“耐洁”牌水杯还不够，要准备第三只；人造织物衬里手套、加厚防雪手套以及连指手套；为拂晓前登山而备的头灯；数盒电解质混剂，可以添加进水杯里，有助于预防液体潴留和身体脱水，也就不易产生高山反应——而这些又要花去 65 美元。除 175 美元注册费外，单是在贝克山顶的一个周末就需要 315 美元。如果算上两次预备课——爬雪山（30 美元）和行走冰川/冰隙营救（注册、装备租用各 75 美元）——很显然贝克山登顶活动要花费我三个周末的空余时间、一定量的心理与情感财富储备，以及 500 美元。和另外七个登山者加起来，为了这次登顶机会我们一共投入了 4 000 美元。

写的明明是荒野，怎么谈起了钱呢？卡萝吉恩·考文垂（Caroljean Coventree）的文集《阴险的智慧》有一篇“全职债，兼职钱”，其中她谈到“阶级之间的隔阂在于我们并不把钱的事情整天挂在嘴边。”所以难怪：这些金额揭示出，攀登贝克雪山的风险，已被安全和特权的软垫裹住了。

假如我需要那么多安全保障来换取一次冒险，那么或许我这根本不算有什么胆量。我在选择登顶贝克山的同时，我的欲望正在驱使我冒另一种不可想象的风险：辞职。

汤姆去世后过了几年我也落了地，此时我已不准备再去冒什么风险。我停止了攀援运动。没有了周遭的山石和攀援者作为指引，我不再将生活基于渴望之上。我转而开始了上班生活，我从事研究。慢慢地，我把作出选择的基础全然建在了安全上。

难怪在人生中途,我发现自己已偏离了方向。不知怎的我已走出了山,走上了通往办公室的主流路线,因为,唉,路就在那里。因为那似乎是势在必然的路。因为那里有的是可以搁脚和抓手的地方,有安置防护设施的理想地点,甚至在某些阶段也颇有几分挑战。

我不得其所。

年届不惑之时,我有了第二份作为大学教授的终身职位,收入颇丰,保险、养老金及保健福利金充足,有一套三卧室的房,一间两车位车库,还有一位绝好的伴侣。我应该为所有这些感到高兴才对。其中某些的确让我很欣慰,但在很多时候我苦闷得要命。肖恩是知道的。

我哪里出毛病了?肖恩和我选了这个地方,因为此地对我们俩的事业进展都很有利。它给予了我们所梦想的自然环境,以及携手建一个真正的家的机会。我们一搬过来便踌躇满志地准备在此地安家了。我们参与本地的政治活动,投身生态保护和人权运动。我们去探索这片土地,了解其社会与生态历史,花不少时间和邻居及同事交往。生物区域论者(bioregionalist)有一点共识:上述这些都是安顿家园的策略。可为何对于我,这些都不奏效?

作为外来的同性恋者,我们只能把自己的根扎在浅薄的土壤里。西部小城市的文化就是这样一种不能承纳渗透的表层:不可一世的异性恋文化、福音派教会,以及顽固的欧美个人主义传统,都不欢迎我们这样的人。老资格的市民大多受雇于跟资源开采相关的产业,他们与外来的中产阶级市政管理人员、医护人员以及大学教师的隔阂可谓深如峡谷。改革派——他们沟通了高校学生与本地上世纪60年代以来的异见者——对炼油及造纸工厂提出了抗议,而在这两个产业工作的本地人赚得了高工资,因而对环境主义者的容忍度就比较低。

我们在颐享自然环境的同时,却备受文化环境之煎熬。我们可以90分钟驱车南下西雅图或北上温哥华,仅仅为了手牵手走在街上而不被视作离经叛道,这样的生活是不够的。我们有机会参加年度“常青树捐助艾滋病患者艺术品拍卖会”,或是在城里唯一的独立剧院看一场特殊的电影,但这也是不够的。我们能和亲朋好友通长途电话,或网络联系附近城市的激进派,但这还不够。我俩都需要居住所在地的社区活动,一个即便是与野外的友善关系也无法填充的同性恋社交圈。在工作了一整天后，我需要下班、收工——可是我们俩都办不到。工作场所的氛围尾随我们回了家。

肖恩的工作是流动性的；我的则不行。我能辞职么？

作为同性恋伴侣，我们生活在一个不能提供人权及法律保护的州里，工作上也不会有任何同性恋福利。我不得不为自己独立于肖恩的经济状况考虑，而我在科研院所里从事的职业也不遗余力地打消着我还能干些别的工作的念头。要不干这个，要不什么也干不了。这样的想法在同事那里得到了强化。对于他们而言，再无别样的选择。离职全无可能。无论是否愉快，无论那是不是他们想居住的地方。他们在心里早已念叨起了退休倒计时。他们委曲求全，他们安分守己。他们牺牲当下的快乐与激情来换取未来可以安度的晚年。

听着同事们解释为何不能离开大学教师岗位，我意识到自己听见了比恐惧更深沉的东西。大学给了我们“名头”。它为我们提供了名片，把头衔印在了名下。它给了我们电话、传真、邮箱及电子邮箱的优先权，给了我们出差开会的花销。说到底，同事们告诉我，大学给了我们身份。只有与大学同气连枝，我们才是教授。撇开这一切，我们大多数人就只是受教育过度的人群，写着莫名其妙的文章，而文字有何意义也令人生疑。我的同事们是不会离开大学的，因为他们害怕没有了大学，他们将一无是处。

难怪我在人生半途动弹不得。大学已然成为一个容器，不仅装了我的欲望，也载着我的身份。

而这身份是要靠等级和异化来维系的。教授就是“百事皆晓先生”，其隐含的结论便是“比你强”，其倨傲的态度为我遵循的一切社会正义伦理所不容。我不愿意把自己的身份建立在比对他人、疏离他人及凌驾他人的基础之上，我不愿意通过削弱他人来强化自己。

然而这件容器、这一身份，是我一路向上攀爬路线上的看不见的锚点和拴绳。若要改换路线，就得改换锚点。我将得在别处寻求自己的身份。

当我沿“铁路坡”向伊斯顿冰川跋涉时，我开始怀疑自己是否有能力登顶。高海拔已经让我的头感到晕眩，且每走一步都气喘吁吁。我尽力不去想这些，而专注于欣赏山上的种种美色：厚毛皮的土拨鼠、冰川舌及其陡然向下曲伸的冰隙，还有点缀在小路边上的那些黄色、白色、粉色小花儿。这些纤雅的植物终年长于此，芳菲尽吐而年华常驻。我一定可以向它们学一些坚忍，两天内当临绝顶。

接下来我们到达"铁路坡"终点，踏上了冰川。前方就有安营扎寨的地点，一个可以放下包袱，松快呼吸的地方，心中的希望给步伐加了一股力道。我们慢慢地翻过几块突兀的山岩，看见已有别的帐篷星星点点地撑了起来，但我们并未停下来。又过了两座兀岩，我打定主意以后再也不跟巴德指导一起行路了。我可以想象他开着越野车查遍了每家廉价汽车旅馆，拿钥匙看了样房然后回到前台摇头回绝。我想着他那副德性，脚上不觉又加了把劲，直至登上了冰川肩部地带，前面的雪已清除得干净利落。

"这敢情太好了，"巴德转身冲我们微笑，并丢下了背包，"我们为明天的登山省下了半小时。到了早上你们就要感谢我了。"

在吃了一顿意面拌香蒜沙司外加晒干西红柿作为晚饭后，杰米和我坐在石头上喝甘草茶，看着变化莫测的苍穹。纯净的蓝天与稠厚的浮云交替出场；光与影在雪地上相互追逐。到了20：30我们已准备躺下入睡，但亮晃晃的天色仍陪伴我们直到22：00之后。我舒服地钻在睡袋里，在半梦半醒之间开始了与山的交谈。我想让它知道我们来了，希望登高一呼，需要得到它的允许。我不断地念叨着诉求，深化着意向，直至我感到自己与山终于联系在了一起。

此刻已时至半夜。

大蒜味还翻腾在饱嗝里，肠胃无论如何容不下燕麦粥了，于是我惊喜而感激地接受了杰米的热巧克力。我们套上衣裤、雪靴，生炉子，使用种种"设备"，并系紧各种吊具和钩环，仅这些工作就难以置信地花去了一小时。凌晨1：00，十位登山者围成了一圈，每个人的冰斧都僵直地插在雪里，攀援绳索卷绕在斧子上。在我们靴子下，傍晚时松柔的雪已经冻成冰，不过空气好像还算暖和、平静。在我们头顶，百万星光盖过了渐满的半月。我们围出的圈里则闪亮着十个人的头灯的光芒。

"好了，"巴德说得很干脆，"吊带、绳索、钩环都检查过了。出发前还有什么想法?"

"我有,"我出其不意的开口,把自己都吓了一跳,"我很希望大家能向大山致敬,我不知道其他人有没有同感。如果只有少数人愿意,我们就离开一会儿。"

头灯纷纷晃动起来。接着问:"你有什么想说的吗?"

"有的。"就在攀登队员们面朝向一座看不见的山峰时,我说出了那天夜里一直不停默念着的话。

"贝克山呵,库玛科尚[①],伟大的白山。

长年累月我们住在您脚下,在冬季风暴和夏天飘雪中望着您。所有人都见识了您的绝色,感知到您的能量,不自觉地受到吸引去攀近您的顶峰。

> 现在我们来到这里,因为您召唤了我们。
>
> 守护我们的旅程;指引我们的步履。
>
> 告诉我们您想让我们知道的。我们在倾听。
>
> 还有,请求您,让我们平安返家。
>
> 谢谢您。"

队员们也点头低语起来。罗杰走在了最前面,我们的登山开始了。

乔安娜·卡迪在"解析愚蠢"一文中探讨了大学体制是如何与我们社会的经济系统有着千丝万缕联系的。"大学里的掌权者亦致力于强化并促进阶级分化的资本主义式辩解——富人聪明,穷人愚蠢——作为交换,他们可以维系从当下体制中得来的利益和特权。"

在我成长的时候,聪明意味着学习成绩好并能得到应有的特权。我永远也不会忘记小学里每次考了 A 而挣得的那个美元;考了其他等第便一个子儿也得不到。我从这样的奖励制度中懂得,你如果不是最好的,就什么也不是。尽管汤姆和我成长在不同的阶级,但我们得到的信号都明确无误:完美者胜出。在考 A 得

---

① 库玛科尚:Koma Kulshan,为贝克山当地原住民对它的称呼。

美元的年岁里,我还明白了别的信息:智力等于金钱。如果你不聪明,就得不到报酬。再反推一下,如果你没有钱,你准是很笨。快乐、愉悦、欲望——这些在该等式中都不存在。于是就这么着,我是谁与我做了什么、取得了什么成绩混为了一谈。我的身份在我的那些A里找到了锚点。

回顾社会里的体制化压迫,思量阶级的意味,我认识到自己的核心身份——"我很聪明"——既需要又否定了我从私立学校获得的教育、我从父母那里获取的支持、美食华服、钢琴课及夏令营。这就是种族与阶级特权,可是我向来将这些学业成就当作与生俱来的,是我有权利该得到的。

其实不然。

所谓"聪明"不过是不劳而获的特权的另一种形式。为什么汤姆和我在教室里的定位会如此不同,即便假设我们同龄?其他很多学生如有同我一样的机遇,也能做得和我一样好;我的能力并不那么出众。而且虽然大学很看重我这样类型的智力,但还存在着其他类型的智力:设计并建造一座鸟舍、没有钱还可以做一笔无本买卖、用故事俘获听众、读懂一首诗。

一定还会有别样的教书方式,仍做大学教授而不拘泥于此身份,一种让我可以求索最深沉的欲望的方式——同时也激励别人去求索。如乔安娜·卡迪所追问的:"学院服务于谁?大学可否转换成这样一种地方,每个人在此都受到欢迎、尊重?"

传统的那种核心观念,我是准备好可以摒弃了,既因为它所带给我的痛苦,也为其给他人带来的痛苦。然而,我又拿什么填补其中呢?

如果我不是聪明人,我是谁?

我在雪里与黑暗中一步步攀登着冰川,表现异常冷静。此前在高海拔休整的几个小时已让我的身体颇为适应,唯一的困难便是选择落脚点。在我之上拴于绳索的三人几乎没有在冰川坚硬的表面上留下什么足印。即便是"踢步"也难以在斜坡上留下痕迹。

凌晨三点左右,在我们过了8 000英尺后,我发现双手开始僵硬了,透过薄薄的带衬垫的手套几乎和冰斧冻在了一起。风刮了起来,云也跟进并抹去了星辰。

目力所及仅限于头灯的光照。我可不想就此停步，于是等待机会让另一位登山者过来帮忙换衣服，这样我便很感激地穿上了我的高泰斯外套、系好登山头盔，并戴上了连指手套。温暖就是生命。

随着我们继续向上，云层加厚为迷蒙的白雾，接着就成了落雪。我们这支靠绳索维系的队伍慢了下来。在我之上较为强健的队员——指导员罗杰、领头的马克以及我的帐友杰米——拽着我向前，可是我后面的约翰则将我向后拖，且频繁地要求停下来休息。只要一停脚步，散发出的汗水便冷凝下来刺激着身体，与此同时雪片被风吹得横扫过冰川。朝山头望去，我几乎看不见罗杰指导，而他正做着分腿跳的动作来取暖。出发时晴朗的夜色让他相信只需穿聚丙烯弹力裤袜加短裤即可，而丢下了防雪裤，因为穿着太热了。而此时他使用法式步斜侧向上，双腿交叉而行，且每走一步都用力拍击着大腿。所有先前的登山训练知识都在提醒我别忘记：保护好指导员，就保护好了团队。

“约翰！”我厉声道，“罗杰正在挨冻呢。我们停歇那么多次就没法再保暖了。”

“好吧，”约翰喘着气说，“爬吧！”

“继续爬！”我答道，登山时普遍使用的这种一呼一应，为的是让攀爬者知道他的保护人正时刻准备着。

到达 9 000 英尺时约翰再次请求休息，并开始呕吐起来。我俯身透过随气流乱舞的雪花看见他身体弯过了绳子，头灯正照着他痛苦的抽搐状。

“约翰呕吐了！”我向上头的杰米喊道，“传话上去。我们得找个有遮挡的休息点。”

杰米把话传了回来：再爬 500 英尺。然后我们可以在山顶火山口休息，就在“罗马城墙”脚下。前方五英尺的路都难以辨清，很难想象 500 英尺的征程。

向上。此时，我们大多都在走侧部，或试着用雪靴来挪移，心里想要是穿上攀岩钉鞋就好了。雪靴在斜坡上是很难抓地的，而滑步并重新找回平衡则比一上来就卡稳立足点要费劲许多。约翰在后面又拽又扯，绳索仿佛成了拖曳缆，这样一来我的步伐就更加拖沓了。终于，罗杰到达了山脊线，消失在了山顶火山口里。

火山口散发出的硫黄味臭烘烘地袭来，而一干绳索牵着的队员纷纷出乎意料地踏进去并下行至布满浮石和雪的火山口斜坡，此处为多气孔岩石结构，一横架的石板楔入山体，我们便在这里歇脚。火山口气温明显高于四周，且多少也能挡挡风。

“我们要作决定了，”巴德说话时众人忙着丢下背包，取出更暖和的衣物并挤作一团。“我们比原计划多花了时间走完这 3 000 英尺。现在是早晨 6：30，我们位于 9 500 英尺的高度。最后一段上山路还要包括从‘罗马城墙’垂直上去的 900 英尺。这条路线完全裸露在外，没有任何休息点。我们还需三小时上去再回到我们现在站的地方。到那时，雪会变得松软，冰隙将要崩开，而我们还得下 3 000 英尺才能回到大本营。”巴德停顿片刻好让我们充分领会。“诸位意下如何？”

“登顶，”卡尔说。

“登顶，”马克说。

问了一圈下来，只有德德和安妮担忧队伍是否有能力爬上去。巴德表示同意。原计划中如体能不支可以留于火山口、裹在睡袋和睡垫里的预案因为天气条件而不再可行：留守者会变得体温过低，等我们返回时他将已无法下山。另一个想法是兵分两路，送爬不动的人回大本营，其余的继续登顶，但巴德也觉得很为难。登山队必须集体行动。

在权衡登顶的个人欲望与团队利益时我们意识到，在漫天风雪且毫无遮挡甚或可能突发雪盲的状况下，一个体弱的登山者会将整个队伍置于危险中。此时在山顶火山口我们尚无紧急情况，可是却具备了致其发生的一切因素。

欲望与恐惧。风险与安全。个体与集体。

到了早晨 7：00，我们已在下行途中。

返回贝灵翰姆的路上，我们的面包车在艾克米的“人人百货”停了下来，这家老字号品目繁多，从食品到渔具应有尽有。约翰请大家喝了拿铁咖啡。他倒并非要忸怩作态，以上好的咖啡来补偿我们未能登顶的损失，他也只是与我们分享一下他的钱包而已。

我从本次攀登中收获的可不止一杯咖啡。当我们在火山口，当约翰的钱作不出任何贡献时，个体登山者合于一集体时便能充分意识到彼此的相互依存。

如同与老友坚定的握手，这样的身份便是我一直寻求的锚点。

登山本身并不能给世界带来民主安定，并不能终结制度化异性恋统治，也不能转变压迫人的经济结构。作为登山者想要办到这些事情，我们只有把在岩石与冰面上领悟到的东西带回到日常生活中。

贝克山仍屹立在那里。

银 湖

湖面上迷雾缭绕，像一杯热茶里升腾起的蒸汽。山腰亦悬着云雾，笼罩着大片的铁杉、道格拉斯冷杉、西部雪松、圆叶槭、桤木以及白桦。我每天早晨 6:00 起床，将咖啡端到屋子的露天平台，和肖恩、“大红杉”一起静坐在雾霭之中。我们看着翱翔的鱼鹰俯冲进湖水里享用着早餐。秃鹫也在此处渔猎，或有时候从鱼鹰那里偷一些残羹。今天早上，有一叶孤舟静静地划过湖面。不久又有渔民不慌不忙且悄然无声地乘两只独木舟而来，他们不似鱼鹰和秃鹫那么急迫。他们需要的是那份静谧的感受：游荡在水与雾之中，听溪流及河水咆哮而又寂寥地从布莱克山闯将下来灌注进银湖。他们需要观看晨曦的光亮，朝阳最终升上布莱克山，以其清澈的蓝金色光芒逼退了夜影。这样的需求无从解释。日复一日，晨复一晨，不知在多少个黎明中，他们带着鱼竿过来，抚慰那些个法力无边的战神，然后漂荡在湖面上无所事事。

我坐在外面露台或是屋内的观景窗旁眺望着湖。我看见过金莺和蓝松鸡跳上圆叶槭的枝头；一对大苍鹭伫立于下面的船坞；一只翠鸟带着其手提钻般的“砰砰”叫声疾掠过栏杆。我懂得了如何辨认毛茸茸的红头啄木鸟、娇小的星蜂鸟、浣熊以及束带蛇。昨夜我听见的一声尖笑，属于一对潜水鸟中的一只，它们就栖息在宛如一杯茶水的湖上。

临近午时，“大红杉”和我如往常一样踏上了那条断头路，为此我们要穿过公路终端几座静悄悄的小屋围成的场院，经过两块写有“县道终点”、“私人领地——严禁擅入”的牌子。我翻过用劈开的原木架起的三层栅栏，“大红杉”则从下面钻了过去。接着再穿过两条砾石路之后我们便一头扎进了林子里，跃过倒伏的原木，在剑蕨和沙龙白珠树丛里穿行，悄悄地溜上山冈，银色的铁丝网没入了冷杉和铁杉林中并骤然而止，我们可以自由地走来走去。还是在这里。同一片林子，可现在我们已置身银湖公园，我们可以在树林里循着人行小路和马道走上数英里。

这年夏季，距城市45分钟车程、位于贝克山公路中段的银湖，成为了我的瓦尔登湖。与梭罗不同，在步力所及范围内我没有家了：肖恩和我在登贝克山之后卖掉了房子，将我们的财物存进了仓库，搬到了山里来考虑我们的未来。在秋季学期开始之前，我们必须就去哪里生活，去哪里工作，建立什么样的关系和身份做出艰难的选择。作为其中的一部分，我正在努力去认识沃特科姆县一带更广阔的区域，认识土地、山川以及居住在贝灵翰姆市区之外的人。

为了还能舒适地待在这里，以躲避甚至在七、八月间偶也出现的连绵雨水，我们在湖畔租了最小的单间屋，即便如此它也算不得对环境影响是最小的。度夏小屋设施完善：电视机、录像机、用于收看电视的盘式卫星天线；自来水、电力、热水器、冰箱、烤炉；户内卫生间、淋浴房以及洗衣-烘干一体机。只要愿意，我就可以用洗碗机洗盘子，用微波炉热吃的，坐在热热的浴缸里眺望湖面，看有线电视，听广播、录音或光碟。而我只是倾听湖对面从布莱克山奔流而下的河水，燕子及黑冕山雀的鸣啼，还有偶尔传来的桨与船缘的撞击声。可是我确还是要用电脑的，要用电话，用阅读灯，哪怕只是在黄昏时用一小时，因而我的存在仍然影响着此地。我的电取自禁锢着贝克湖的迪亚波罗大坝，来自窒息着哥伦比亚河的博纳维尔。更糟糕的是，我可以直接从小屋的露台下到码头，与水如此近距离的区域，在今天是不允许再建房子的。一边是想了解野性自然，希望借此重新焕发我的个人关系中原初的野性，一边是我烦扰于自已对土地的冲击，对本地经济的生态影响，以及对先于我来此地的居民的影响。

为了找个向导，我先考虑的是努克萨克人，他们迁徙而自足的传统生活与土地形成的那种契合，使我永不能及。我所继承的生活方式来自之后的华人及欧洲移民，他们来到太平洋西北沿岸，打定主意要过靠山吃山、靠水吃水的日子。如今，他们的后裔没有多少还在操伐木、采矿及渔猎的旧业了：收益稀薄，对环境的冲击却日益严重。我看见在湖对岸，在布莱克山高高的山冈上仍斜挂着一条伐木路，挤压着森林，其下是一条半圆弧状的木材架空采运道。大山在这里像是肌肤被擦破了，皮肉掀起深入骨骼，仿佛儿童的膝盖受了创伤流血不止。我愿去吻一吻那边的山坡让它们感到好受些，至少祛除些伤痛。我仍然纠结在这样的事实中，即尽管我爱着野生的自然性——地球的自然性，我自己的，抑或我的伴侣的——最终决定所有这些关系的，还是我所属文化的经济状况。

离银湖最近的城市是枫树瀑，不出五英里即可到达。枫树瀑位于银湖路与贝克峰公路的交会处，只比十字路口略大些，是当地生意往来的集散地。街的一角矗立着“德尔斯托尔豪森”综合大厦，内设多种经营的食杂超市、饮料仓储店、家居维修、影碟租赁以及野营用品店。在同一座综合体里还有一家本地房产公司，一家小巧的两层楼旅馆，每周日一早的浸信教集会就在这里举行，此外还有一家叫“依山而做”的美发厅。而就在街的另一角与“德尔斯托尔豪森”抗衡的还有一家“枫树燃料”，原本是加油站，又逐渐发展出小型超市、咖啡店以及自助洗衣行。城里唯一的酒品店就小心翼翼地藏在后面。街对面是市政厅大楼和公共图书馆，开放时间为周三10点—7点及周六10点—5点。在第四个街角则有校车停放在一片空地上，侧面车身涂装着为筏运公司做的广告，这项业务可以带游客从努克萨克河北支顺流而下，一天两班。今年夏天，到现在只有一人丢了性命，不管依谁的标准这都算是好年头了。根据每年降雪和夏季雨水的状况，筏运季一般在八月中旬结束，河上的向导们也尽力不再失去更多的客户。

沿主干道往前赫然可见小城自己的邮局，以及山区一带最棒的全品种咖啡店兼酒吧。“霜岭酒店”建于上世纪40年代，酒吧里光线昏暗，一头设分隔用餐区，另一头则是天花板高高隆起的壁炉间，而内墙自头至尾均以木纹装饰。食物不过是些寻常品种，但你在这里吃烤鱼时可以不经意地听到今晨的垂钓趣事，本地的新闻，或是关于过河桥、关于花卉、关于目击野生动物的种种讲述。“霜岭”的外观跟其他山城餐馆并无两样——除了那真实尺寸、阔步走向前门的“大脚怪”人像之外。

“大脚怪”的脑袋也作为装饰性的战利品安放在“德尔斯托尔豪森”收银台的上方。在过去的十年中，每逢九月小城都要举行“大脚怪烘烤节”，其间山地自行车赛、游行、手工艺展销及高尔夫球锦标赛一样都不少，而在最热闹的一晚大家围着营火听讲大脚野人的故事。组织这样的节日本是作为支持本地经济的一种手段，作为由资源开发型产业向娱乐旅游及服务型经济转变的一部分，但人们不免想知道，每年颂扬人类这位神话般的祖先，其中是否真的有那么点意思？

这片水域在取名“银湖”之前，还曾被称作“光棍湖”和“鱼湖”，而原住民努克萨克人则称其为“皮克西亚”(Pekosia)。在1969年成为沃特科姆县的一座公园之前，在这411英亩土地被围作私人度假村之前，此地本是一位挪威裔美国移民恩姆布莱特·E·格杜鲁姆(Embret E. Gerdrum)的私产。

1890年，格杜鲁姆一家从挪威经芝加哥短暂停留后抵达沃特科姆县，家里唯一的女儿埃塞尔便诞生在此。格杜鲁姆家族在银湖畔定居下来，格杜鲁姆先生用四英尺长十二英尺宽的木板搭建起屋宅，这些木料全来自一棵雪松，且都是人工砍伐加工的。原先的老房子依偎在红山脚下，两层楼，一楼有起居室、厨房，卧室，从楼梯上去则是挺宽敞的阁楼空间。1903年第一座宅子毁于火灾后，格杜鲁姆又依原样在原址正前方建了第二座。从1900至1919年，在枫树瀑、银湖及冰川周边的山区，有超过33家伐木公司组建、重组或销声匿迹。像许多欧裔美国移民一样，格杜鲁姆的生计靠的就是砍倒大树。伐木。

如今，格杜鲁姆的宅地由银湖路不均等地切分开，县公园在靠湖一侧得到了大部分地皮，“黑山林业中心”则占了另一边。公园与林业中心的入口相向而开。野营者拐进一门，伐木工钻入另一门。先前格杜鲁姆的家已改为一座林业博物馆，屋子旁边有一座105英尺高的指引塔，塔四周摆放着闲逸而古旧的伐木机械。为了让访客相信木材业对于本地经济仍有举足轻重的作用，林业中心从六月到八月每周日举行一次“林区深度游”，向外界开放其在黑山的伐木路和清场伐区。但我去的时候，似乎没有多少人买账。我是唯一的游客。

博物馆里陈列着一个世纪前生息于这土地所需的各种器物：手锯和盘锯，工具和照片，一整墙的玻璃制配钥匙的邮箱，都是从枫树瀑的老邮局里搬过来的。上楼去便能看见一只颀长的由单棵树凿出的独木舟，仍散发着雪松的芬芳。楼下收银台旁，一些印着锡版摄影作品的明信片展现了本地过去的风貌：1905年长达一个街区的国庆游行；连接枫树瀑和银湖的绿树成荫的土路；格杜鲁姆与考尔金斯锯木厂门前漂满了原木的百合花池，那家锯木厂在1906年被银湖制造公司收购。

时间上隔了一世纪，空间上只是沿贝克山高速行数英里，这个古老的行当仍在以一年一度的伐木集市的形式庆祝自己不断延续的存在。自1963年以来，“戴明伐木秀”每年如期举行，持续一周，汇集全华盛顿州的伐木好手施展技艺，参观最新式的工具，同时也炫耀一下自己使的家伙。在今年的“戴明伐木秀”上，我希望了解一下这些人是如何能靠山吃山的。而肖恩和我甚至还没进入场地便有所领教了。

一大块砍自原木生产鼎盛期的雪松树干立在前门，约莫十英尺高，成为正式进入集市的标志。体育馆四周停放着成列的挖掘机、推土机、反铲机、原木装载机，紧跟其后则是一排排满载原木的卡车。在集市内部，手艺篷和木料搭建的摊位组成马蹄形围住了表演台、观众席及露天看台。这儿的一座帐篷里出售琳琅满目的木雕，帐篷后则是一大片野营地以及烤肉凉亭。华盛顿州的伐木工携家带口从四面八方汇集而来度周末。他们的房车及野营车看上去与其他营地没什么不同，只是这里并没有红辣椒灯笼，也没有挂在房车撑起的门廊下面、用绳子串起的日、月、星形小灯泡，只有美国国旗。我们什么也没说，可是我从肖恩行走的生硬体态中感受到我们共同的感受：我们与这里格格不入。闯入伐木者中的环保分子。渗透进异性恋人群的同性恋。还有我辈中人么？我们不能很确定是否能把持好自己，是否能很安全地站在那里看着电锯将原木切割成板材并刨去树皮，抑或我们的好奇心会不会暴露自己的身份而被轰走。我们虽无意于此，但我们的白皮肤却不由分说充当了我们的保护色；整个下午都没看见什么有色人种。

烤肉亭子里兜售着切成片的红铜色大马哈鱼，鱼肉搁在铁质烤架上，柴火散发着暖意和烟熏味。烤肉摊前面可见菜单：大马哈鱼、鸡肉或是牛肉；凉拌卷心菜、薯条、土豆沙拉；汽水、咖啡、牛奶。这可不是为素食者准备的有机野餐。我向正在备餐的女人们点点头而并不停下脚步。

那些旧式木材堆垛机、铁轨和捆木索的展台旁边有一锻铁铺，以及索瑞·芬斯莱德家族雪松树干切片。这种直径达十二英尺的巨木是由戴明公司于1895年伐倒的一株红雪松，有1 008年的树龄。此树干切块自1936年一直放在戴明酒店展示，直到今年四月才被拉到这里的集市场上。我们来到了华盛顿州林业妇女联合会(Washington Women in Timber)大楼,这里也容纳了伐木博物馆以及妇女辅助会厨房。我们注意到在大楼外的树丛里,每棵树底下都竖着低矮的木牌子。木牌上的人名年代从现今一直上溯到35年前左右。在美国退伍军人协会的摊位上有女人们在售卖纪念T恤、球帽、吊袜带、运动衫、马克杯,而就在这里我了解到1967年当“戴明伐木市”买下此处的集市产权时,即建起了“纪念林”。每有伐木工殒命在大森林里,人们便在这里植树缅怀。这言之凿凿的姿态让我感动,但还是不能理解,以种树来纪念一个为砍树付出生命代价的人,为何似乎还是很有道理的。

我们回到露天看台找位子坐下,观看一台满载原木的卡车绕场一圈后停下,司机从驾驶室里跳将下来。正面看台上的广播员通过隆隆的广播系统解释道,这位司机准备钻进一辆配自动夹钳的铲车。该赛事被称作“原木最佳装载”,卡车司机须对原木精挑细选,既要使载量达标,又不能超重。木材须填在车厢里而不能挂伸在外边。在我们的注目下,卡车司机启动夹钳将车厢里的原木一根根卸下,堆放在撒了锯木屑的场地上。只见每根原木的末端都上了漆贴了牌。原木是根据其尺寸和树种来装载的,广播员说道,因而每次装厢的原木可能各归各主。当司机卸载完毕赢得一片掌声后,新一轮装厢比赛又开始了。

“现在我们明白,这些木头原是为卡车而生的,”广播员开玩笑道,“我们的比赛就是看哪位司机能既快且平衡又安全地给卡车重新装厢。装木材可是艺术啊,”广播员很是郑重其事,“富有创造性的艺术之一,只有为数很少的人才有天赋把这项任务完成得很出色。”

接下来比的是“倒拖车”,考验沿蜿蜒的山路倒行满载原木的卡车的技巧。场地上用橘色锥筒排列来模拟弯路,尽头以木桩标识。司机们逐一下场比试,而个中难度也显现出来。在对速度与技巧的平衡中,很少有司机能够干脆利落地完成倒车而不碰翻几个锥筒或是撞坏终点木桩的。更难的是,司机们只能使用外后视镜——后车窗被整车的原木遮掩了。

午后1点时分,广播员致欢迎辞,表演正式开始,全场以手扪心高唱国歌。接着广播员向我们做年度报告:“去年我们在此相聚,一年以来沃特科姆县的伐木业一直顺风顺水,已经延续八年了。”

掌声震耳欲聋。

“让我们静默一分钟,”他继续道,“向所有在过去一年中遭受伤痛的从业者致敬。”

全场变得鸦雀无声。脑袋全都垂下来。连孩童都不声不响地坐着。

之后比赛才拉开帷幕。

伐木工人在亲友面前大展其技,这也深深吸引了肖恩和我,我们观看了一场又一场。“缆线剪接”。“包装纸投掷”。“斧头投掷”。还有大伙儿最喜欢的“倒竿”,其中四个伐木工沿场地分站于不同的竿子,用斧头在木杆的指定区域来回切削,意在让其倒下后正好能劈开西瓜。竿子倒落时人们欢呼呐喊。只有一位选手击中了目标,他兴高采烈地把劈开的西瓜拿出来与对手们分享。

在“速爬”赛中,伐木工飞快地攀上 60 英尺高的树干并拉响挂在那里的钟。“手弓”和“双弓”的比赛要求伐木工用一把七英尺长的弓锯削掉直径达 26 英尺的圆木的一端。而参加“安铁箍”的则需要奔向一根大原木,要么一跳而过要么爬过去,然后拿到一只铁箍,再跑回来翻过大原木,将铁圈套在一根小一些的原木上,再跑回大原木才算完。其间跑动、俯拾的姿态可见铁圈的沉重粗笨。“起来! 起来!”在一位年轻伐木工跳跃原木摔倒并丢了铁圈时广播员叫道。“如果要摔倒,也要倒在工作上,小伙子!”

在广播员戴着无线话筒巡视竞技场时,他让我们想起了所有这些比赛的缘由。每年在“戴明伐木秀”上筹得的款项都用于支援“伤残工”,也即所有沃特科姆县的伐木工人因工伤且有两周以上不能工作的都可得到资助,无法回林间作业的能有终身补贴——即使他们可以找到别的工作。显然伐木公司没有提供足够、长期的伤残福利以及牙科等医疗以及其余补助。工人们懂得了如何照顾好自己。

但女人们去哪儿了? 刚才见着她们的,在烤肉摊那儿招呼客人,在林业妇女联合会大楼烹饪、收银、缝缝补补,在纪念品摊位上大事搜罗。妇女在伐木业的地位倒是在本次展会上确认无疑的,这让我们想起来该“给妇女辅助会特别说声‘谢谢’”,因为“她们做了我们其他人不愿意做的事情。”富于女子特色的比赛项目只有儿童爬树,那是男孩和女孩都可以参加的,还有就是“爸妈拉大锯”(而不是妈妈之间的比试)。主办者称“我们想举行一场女士们也能有机会获奖的赛事。这样的比赛要多一些,因为没有了她们我们的日子可不好过。除此之外我们也希望她们练好身子骨,也能砍些柴火。伐木工的冬天可不短哪。"目睹着男人们随"竿子"在周围倒下而抡起了斧头或铁箍,我很难想明白是愿意更多的女人涉身这个行当,抑或让男人们退出。我的学生趁暑假去阿拉斯加捕杀并罐藏大马哈鱼,而后者恰恰象征了他们所要探索的这片荒野;无独有偶,伐木者的工作,也倚赖于摧毁他们所热爱的这些森林。此时我栖居银湖畔的小屋,假如我花完了积蓄之后仍打算在此生息,那也将面临同样的两难处境。

作为挪威裔美国人,我感到自己家族在贝克山小镇生活的历史,对于未来是无解的。赋予我民族遗产的我的祖上,为了开荒拓林而从加拿大边境偷偷带进中国工人,将这些廉价劳动力藏在银湖北岸、老科莫森牧场那里。为了伐木工人消遣的需要,枫树瀑的老板们在城南和城北各开了一家妓院。弗朗西丝·托德(Frances Todd)在其《林中道》(*The Trail through the Woods*)记述了埋葬妇女和儿童的无名坟的来历,曾几何时在那些妓院的姑娘多达 24 人。假如当时我住在这里,那也会是我的营生。而今,从"戴明伐木秀"的情形看,我能够融入现在的伐木文化的唯一途径,便是选择异性恋、学会做饭缝纫、嫁个地道的伐木工人。

在肖恩和我决定卖掉屋子的那晚,我们蜷缩在屋后露台上,躲在餐厅飘窗的下面。四周的细雨连绵不绝。我又一次提出了那个问题:是时候要个孩子了么?

肖恩长长地吐了口烟,她左手弯曲夹着烟,那天生拱状的优雅是我所向来深爱的,一如我向来深恶她的烟瘾。"这儿可不是我们想要定居的地方,"她说道,其言词与定义引出了一种我们俩都一直在抵制的感觉。"我们不会在一个缺少同性恋社区的地方抚养孩子。而一旦有了孩子,再搬家就比较困难了。"她停顿片刻又吸入一口。"再说,拿到硕士学位后我得赚点儿钱。哪会有时间带孩子?"

这很像当初我们上下班往来于德卢斯和明尼阿波利斯时的交谈,只不过那会儿肖恩还开玩笑说:"孩子怎么办,你上下班时把他拴在行李架上么?"

而她说得没错:我们所谋生的工作,我们的激进活动以及我们的背包旅行,都使我们无暇养孩子——无论那是何种的担当。作为自诩的双亲,我们并不清楚自己需要什么样的资源,但可以想见无论如何都代价不菲:时间、财力、情感投入。

何况尚有如何怀上孩子的问题。

尽管我来做生母是毫无疑问的,但另外23条染色体从何而来却是悬而未决。我希望孩子父亲是个身份明确的捐精者,在我们孩子的生活中能切实存在。在肖恩和我成为伴侣之前,我问过我要好的朋友吉姆和盖里是否以后愿意为我捐精,这样当我的孩子问,"我的爸爸是谁?"并为自己的身份和起源而开始寻找灵魂之根的旅程时,我只需说:"噢,别折腾了——他就是你吉姆叔叔,就住街那边。"可是吉姆和盖里都回绝了;对他们来说责任太过重大,即便我向他们保证不会有经济义务,不需要也不要求有共同抚养的职责。

我们甚至求过肖恩的哥哥马克和他妻子米西。他们有两个美丽的孩子,不可能需要跟我们争夺抚养权;他们作为伯伯和婶婶的角色已经足够,而我们的宝宝跟肖恩家族的人也能有血亲关系。马克和米西有不少同性恋及双性恋朋友,他们都属于异教文化,其中有一位密友已经办妥了某种非传统的抚养安排。一天晚上聚在一起时我们提出了要求,希望他们能同意。马克显得很意外,但倒也乐意,而米西开玩笑说我们能得到一份精子取样有多大机会呢,因为马克在诊室的时候尿在杯子里都很困难。可是谈话到此为止,肖恩也不愿意重提了。

于是陷入了僵局:肖恩寄希望于精子库,通过捐精者档案来挑一个与她特征相配的。由于她跟孩子没有生物学关系,那么尤为重要的就是没有人能与作为双亲之一的她去竞争。不论我们与哪个身份明确的捐精者做出何种安排,肖恩总是觉得,生父在孩子生活中的存在会使得她的角色边缘化。抚养孩子的女同性恋在面对来自厌恶同性恋者及身份明确的捐精者在法律层面上的挑战时已经很脆弱无助。要是再有难以预料的事情发生,我们在孩子出生后分手了,肖恩作为双亲之一能有什么权利保障?肖恩想得到保证,她绝不会与一个从孕育到降生及之后的成长中她都呵护着的孩子被迫分离。

在翻阅捐精者卷宗时,我意识到没有办法改变自己的立场。诸多出身起源关系在我生命中对我有过至关重要的影响。我深爱我的父亲,而我体会到一个父亲形影不离的养育对于我自己的孩子而言也是与生俱来的权利。不论我们作为双亲对孩子多么呵护有加,可有朝一日孩子问我"谁是我爸爸?"时,我还是无言以对,我只好端详着孩子,说:"是437号。"

为了给孩子打造一个安全的家庭，我需要更多的父母，而不是更少。肖恩也有同感，诉诸殊途。一再思量之际，便也一再拖延，原以为无限多的机会也淡弱下来。每一年我都错过十二三次怀孕；每一年都使我们更接近那个必然，即终有一天我们将不再有选择了。

假如我们还不想错失良机，我们就得搬家。

银湖依偎于一狭长的南北向盆地里，东边有黑山，西边有红山。它长三英里，宽一英里，其大小正合适与朋友分享：说它是池塘那太大了，但小得足以在晚饭后沿其周边泛舟一圈，并熟知其岸线、沙滩以及水百合丛生的浅湾。肖恩和我经常就在红山的阴影笼住我们这头的湖之时，划桨行出20英尺开外，沐浴在夕阳的光辉中。

由于还得带上不懂风雅的"大红杉"，我们通常会向北行舟，去看看位于我们的房子与主干公路之间的那块小小的居住区。这些临水度假屋开发于20世纪上半叶，如今因其小巧稚拙而更显别致可人。屋子大多有一间带壁炉或柴炉的主厅，作为起居室、餐厅、厨房或客房，主过道后面只有一间卧室，另有厕所倚屋而建。上世纪40年代，电力延伸到了银湖路，但直至今年湖对岸的人家才通上电。技术的缓慢步伐在这里对于湖、对于土地倒是好事。走完这些旧房屋便是一段开阔的湖岸，到了湖的最北角则有一公共码头，以及一大片沙滩，童子军的营地就在码头以东。吉姆和朱莉是这一带的老住户，他们告诉我们，童子军营是由以前湖区参加过童子军活动的居民打包捐赠的。朱莉育有两子，她曾志愿在童子军做了很多年的女训导，每当听见湖对岸传来男孩子们的叫喊和歌唱，便会怀起旧来。我们就不会有这雅兴。我们常常疑惑那些起了印第安发音名字的童子军在营地里能学到什么。肯定没有学到的是湖畔荒野的第一道德法则：声音是可以传递的①。

走过童子军营可见更多敞开的湖岸，这儿留出了空间给一条从黑山上奔流

① 据加德给译者信中的解释，在荒野中保持安静是对野生动物的尊重，不至于使其受惊吓。另外，在有水体的野外，声音也极易传播，这些童子军显然对此一无所知。

而下的小溪,溪水直抵湖对岸,从我们的屋子那里冲出了自己小小的一片三角洲。再往南边走便有更加奢华的度假屋侵占着湖岸。接着我们来到南面湖口的睡莲池,有时候我们在莲丛里推枝拨叶,在低垂的树枝下划过,直至枫树溪欢笑着离开银湖的出口。溪流与银湖路一样穿过山谷,再行四英里半,便从35英尺的高度飞流直下,抵达了一个世纪前便以它来命名的枫树瀑城。就在这座城下,溪水与努克萨克河的北支汇于一处,继续流淌、翻滚、蜿蜒前行并最终注入贝灵翰姆湾。

每当我们驱车来到枫树瀑的那个十字路口,肖恩和我都会见到那辆硕大的黄色校车,以及"激流弄潮人"的广告牌,上面介绍了该筏运公司带游客从努克萨克河北支顺流而下的业务。除登山运动之外,这项生态旅游或许正给小城带来其所需的经济刺激。我可以想见一位自然主义者作为漂流旅行的导游,他的讲述教给我更多关于水的流运、冰川和融雪水的历史、陆生与水生生物的相互依靠,而他们的生存又仰赖于这条河。这些遐想怂恿着我致电筏运公司了解详情。"激流弄潮人"接待组团乘客,每位收费55美元,提供两个半小时、逾12英里的努克萨克河上漂流,并包含之后的午餐。一只筏子只能载六人加一导游。"在努克萨克河上我们得轻手轻脚的,"电话那头的女人说,"因为这可是一条不依不饶的河哟。"华盛顿州内其他可供多人筏漂流的还有韦纳奇河(the Wenatchee)、斯凯科密施河(the Skykomish)、梅索河(the Methow)以及泰顿河(the Tieton)。我给我们俩报了名。

周六上午8:50,肖恩和我在紧靠图书馆的草地上找到了"激流弄潮人"的班车。这是个晴朗而凉爽的早晨,约莫65华氏度。此刻,为赶上10:00漂流的汽车已蜂拥而至,人们正换穿着潜水衣。在签署了所需的责任书后,我们与其他漂流客排队领潜水衣、短靴、救生服、头盔以及划桨。胸口的剧烈起伏显示了我的激动不安。这会很好玩呢。

我们上了班车,坐在少年人和青年人中间。我大惑不解地搜寻着岁数大一些的人群,只找到了很少几个,多数是男的,只有两个女的。我们报名的是什么样的漂流呀?一位导游似要作答一般收拢了登车梯,插进一盘磁带。迪斯科,震耳欲聋的音量。“蹬掉你的小靴子”和“一定是真的”炸响在大巴的各个角落。又有四名导游攀了上来，其中一个坐进了驾驶座，于是我们出发了。一位叫“佛陀”的胖导游一边在敞开的前门口扭着迪斯科，一边大声宣布着乘车纪律，他的耳朵上穿了三个环，舌上还有一个。

“坐好了！别打扰司机！别嚷嚷！”

驾驶座后视镜上贴了一句“我们热爱安全的工作场所”。喧闹的一车人开始了冒险旅程。

我仍然在座位上忸怩不安，便回头看看坐我们身后的那两位女导游。

“哦，你戴的耳环真漂亮！”其中一位立刻说道。

“旧金山海特-黑什伯里[①]，”我答道，“两年前的生日礼物。”

“当然如此，”她的同伴哼了一声。“在这里可买不到这种玩意儿。”

“真的？”我问道，希望多了解一些她们的情况。“你俩住贝灵翰姆么？要不也是来贝克山度暑假的？”

“才不是呢，”第一个女人奚落道。她消瘦而娇小，皮肤晒成了深棕色，富有光泽的黑长发束成了马尾辫。“瞧见我们晒得黑黑的？在这儿哪能行。我是在韦纳奇晒出来的。昨天我们还在俄勒冈上班，连夜开过来。”

“凌晨2:00到达，”旁边那位导游补充道。

显然她们并非本地的自然主义者，这次漂流也不是我所想象的那种。既然如此，最好还是把原本的期望放一边，既来之则安之吧。我扭回头面朝前，并在剩下的行程里训练自己要学会随它去。

刚过道格拉斯冷杉营地旁的桥，大巴就靠边停住。18只筏子沿路肩一字排开，另有三辆大巴在我们后面停下来。乘客和导游都集中于河岸台阶上听安全须知。那儿有一位金发青年攀上台阶栏杆，兴高采烈地宣布着注意事项。

“第一条规矩：待在筏子里。第二条规矩：不要掉下去。水凉得很，伙计们，冷得很哪！”

尽管有这些规章，但假如真掉进水里了，我们就得抓住缠绕在筏子周围的绳

① 海特-黑什伯里(Haight-Ashbury)：20世纪60年代曾为旧金山嬉皮士聚集吸毒的地方。

索。如果没抓住,那就得柄朝外将划桨伸向船的方向,寄希望谁能把我们拖进去。如果这还不奏效,这位大嗓门的导游说,那么我们的“单人激流大冒险”就开始了。若真如此,我们就得双脚前伸向下游漂,臀部上收,且要避开滚落在河里的树木和巨石。

“想想我们是怎么揉面团,树木就怎么揉你,”导游告诫我们,“千万避开树。”

安全须知宣布完毕,导游们便对我们进行分组并送上筏。我们船上的导游威尔是个瘦削的二十五六岁小伙子,他又把我们这个漂流组的纪律过了一遍。

“第一条规矩:我们是个团队。第二条规矩:我是头儿。我要你们干什么就去干。立刻!”

威尔领着我们练习各种马上要用到的划水动作:前进、后退、左转向、右转向、高抬左及高抬右——意思是众人齐压向左或右,以便让相反一侧高高抬起躲过大石头或树干而不被卡住。我们一组六个生手学得颇快,并做好了出发准备。

我们抬着皮筏下台阶走向河,在公路桥下面等候,看着努克萨克河水奔流而过。

“一上来就是最困难的河段,”威尔解释道,“所以从一开始你们的划桨动作就得非常完美,这很重要哦。”肾上腺素涌上了我的胳膊、肩膀,翻腾在胸膛里。要来一场冒险了。

河上的头20分钟在手忙脚乱中一会儿就过去了;导游并没有夸大其词。我们下了水,迅速划进一片涡流区,等待其余五只筏子以及属于我们这“豆荚”的单人皮艇到位,接着便出发了。筏子简直就是飞在“峡谷”里——两边均为峭壁,前来助阵的还有巨石、落石以及翻过筏子边缘打进来浸湿了我们的凉水。威尔一瞅准机会便与另两只筏子一道将我们转移到下一个涡流区,我们扭头看着其余筏子一掠而过。

“这水在12小时前还是冰川呢,”威尔提醒我们。“难怪这么冰凉!”

下一个挑战是“喷嘴”,河段在此将我们从两块巨岩当中喷射出去,而第三块巨岩就嵌在前面当中的位置。我们尖叫着闯了过去,身上又被淋透。我开始感到这漂流有点儿像户外的迪士尼乐园。这能跟水,跟这里的土地,建立什么样的联系?

“看见那儿的伐木路了?”威尔指向一长条清场伐木带以及一条斜对角式向上的伐木路。“后面其实是有一座房子的,还住着些乡下汉。我们有两个向导一次骑车上了伐木路,本以为在那样的高山地带不会有别人了,突然就有这些汉子拿着猎枪跳出来说:‘从这儿滚出去,你们这些该死的嬉皮!’威尔学说的方言介于得克萨斯口音和南方人懒洋洋的长调之间。

很显然漂流导游与一些当地人之间相互水火不容。

一路顺流而下,水面也平静了不少,此时我们才有真正的机会看看树木、岩石和鸟儿。赤杨木。沉积岩、砂岩和页岩。鸭子一家:母鸭和小鸭子们。凌于巉岩的秃鹰,其身形在望远镜中竟似大过学步幼童。再往下游,水面开阔起来,围绕居中一条沙洲形成两道宽幅水流。我们走的是较低的一道,抬头只见流水从较高的河道里越沙石倾泻而下。出了峡谷,远处的群山便陡然兀立起来,这是华盛顿州西部的典型地貌。

在冰川河与努克萨克河汇流处,棕黄和浊绿两色并行,白色带沫的浪头骑于更低深的碧波之上。继续下行,可见三条河水交织会合成一股咆哮奔腾的力道,让我的心胸也肆意驰骋起来。再没有让我们胆寒的障碍了,没有了急流,没有了倒伏的树干。只有令人心怡的交汇,相互倾注、融合、蹈跃、归并为一条完整的新河,河水打着旋,翻搅起伏,棕黄与浊绿上下俯仰合和,直至形成新的水色才携手继续前行。

前方四只筏上的游客正在商量接下来干点什么。漂流之旅并没有到达终点,但这些人已经在脑子里继续上路了。在急流段的高强刺激之后,河面上那种主题公园似的吸引力便消退了。

我本希望这样的漂流之旅能提供一种从河自身视角出发的对河流的体验方式,一种为本地经济筹资的方式。然而 River-Riders. com[①] 可不是什么搞环境教育的,在本地也没有运营机构。我们目睹的所有冲着我们叫喊、做漂流导游的年轻人都来自西雅图——而且他们也是给该公司打工的。这背后多半由一些富商大佬控制,他们有财力在华盛顿州的五条河上运作漂筏项目,其业务也拓展到俄

① River-Riders. com:即“激流弄潮儿”公司的域名,在文中实指这家网络化运营公司本身。

勒冈及爱达荷的一些水域。我原本以为枫树瀑的漂筏可算生态旅游的一种形式,是本地经济基础朝向更加可持续发展的一次转变,而此时这一憧憬已化为乌有。诚然,来枫树瀑漂筏的人可以为本地公司、商埠、客栈及加油站的生意做贡献,但是这足以支持生活在此的人们吗?而类似的冒险旅游为什么比本地的环保教育活动更有市场?

荒野,所包含的不止是户外冒险,不止是本地的经济保障。荒野存在于山的本质之中,且还总是与我若即若离。

在一个星期三,当我路过枫树瀑图书馆看见门敞开时,便停了下来。我发现角落里有关地方志类书籍中,有一整排书都只关于一个主题。“大脚怪”在沃特科姆县颇有渊源,无论在土著文化传说还是当今的新闻报道中都不乏其身影。从格罗弗·克兰茨(Grover Krantz)的《大脚怪足迹:关于萨斯科奇人真相的科学探索》(*Big Footprints: A Scientific Inquiry into the Reality of Sasquatch*)及肯尼斯·怀利(Kenneth Wylie)的《大脚怪》(*Bigfoot*),到迈拉·沙克利(Myra Shackley)的《还存活着?雪人、萨斯科奇人及尼安德特之人谜》(*Still Living? Yeti, Sasquatch and the Neanderthal Enigma*)、约翰·格林的《大脚怪:萨斯科奇人寻踪》(*Bigfoot: On the Track of the Sasquatch*)、大卫·乔治·戈登的《寻觅萨斯科奇人野外指南》(*Field Guide to the Sasquatch*)以及罗伯特·迈克尔·派尔的《大脚怪踪迹》(*Where Bigfoot Walks*),这个话题都得到了认真对待。我躲在图书馆前台看不见的地方,心安理得地逐本翻阅,并很快发觉我得把这一大摞全借走,还得趁大学里的同事没进来,不会撞见我正在研究这类神秘动物学。

回到屋子的露台上,借来的书摊满了草坪躺椅和桌子。我这才知道,西北太平洋沿岸地区——尤其是西部卡斯卡德一带——正是目击大脚怪的主要区域。大卫·乔治·戈登的《寻觅萨斯科奇人野外指南》列举的只是近期的几次遭遇。1967 年秋,在红大马哈鱼出没的水域高度,当地渔民和在玛丽埃塔附近的努克萨克河三角洲一带的居民分别报告了十次对萨斯科奇人的目击。人们看见此物下河、游泳、上岸,有一回萨斯科奇人还缠在了渔民的刺网里。1975 年 11 月,一位伦米族警官报告说,在保留地居民目击过几次野人后他听见了尖利的长啸。同年在戴明野营的人也说看见了大脚怪，而1980年12月，总部在西雅图的大脚怪研究项目主任称，仅在斯莱特路以南的森林里便找到了不下200处大脚怪的足迹。主动去寻找大脚怪的人大多一无所获；上述的目击均是在人迹罕至或近水近山的荒野里的偶遇。

大脚怪也被称作萨斯科奇人（显然派生自原住民对它的数种称谓——Sossqiatl，Sokqueatl，Sasqiatl，Saskehavas），其指认特征便是那硕大无朋的脚印（平均十六英寸长七英寸宽）、巨无霸般的身高和体重（七至八英尺高，逾250磅重）、毛茸茸黑黝黝的身躯、浓重的体味、诡异的吼叫及昼伏夜出的习性。虽然戈登、沙克利、克兰茨在书中关于它们的绘图彼此差异甚大，但都提出萨斯科奇人在灵长类动物谱系上属于巨猿（*Gigantopithecus*），即半猿半人种。戈登的观点具有最大的包容性，即萨斯科奇人或从三种原始人科动物的任何一种进化而来：直立人（*Homo erectus*）、尼安德特人（*Homo sapiens neanderthalensis*）以及南方古猿（*Australopithecus robustus*）。在中国南部和越南北部发现的四颗硕大的下颌骨化石表明，巨猿种有十英尺高，体重900磅以上。该生物何以能迁徙北美并大体在西北太平洋沿岸地区住下来，仍悬而未决。

尽管在自北加利福尼亚至不列颠哥伦比亚的沿海及山区关于类猿动物的目击报告都发自欧裔美国人，但有关半人巨兽的传说也遍及北美原住民活动地带。据彼得·马西森（Peter Mathiesson）所著《跟随烈马的精神》（*In the Spirit of Crazy Horse*），

> 北美洲较为古老的传统社会里都流传着一位信使的故事，他在乱世现身，带来了创世主的警告，因为人类根本不把主谕放在心里，这打破了存在的和谐与平衡；人们说信使化作摧毁一切的烈火，荡涤世间的破坏分子以及土壤、空气以及所有生灵的污染物。他具有强大的精神力量，有时候还会以毛发长长的巨人形象出现；近年来，这一原古生灵频现于印第安人居住区，从北方平原诸州到更向北的阿尔伯塔及整个西北太平洋沿岸地区。（xxii）

在很多印第安人——霍皮、奥杰布瓦、克里、阿萨巴斯卡、拉科塔、迪恩、胡帕、

塞利希等等为数众多——的传说中,都有长毛巨人的故事,他是一位年长的老大哥,他带来了创世主的信使。

从人类学观点看,有关萨斯科奇人的描述证实了我们的物种与其他猿类的关系以及我们在动物大家庭中所处的地位。如戈登在《寻觅萨斯科奇人野外指南》中所解释的,虽然人与猿的祖先在500至1 000万年前分道扬镳,但早先的人科动物如今已所剩无几,且"谁也不能确切追踪到古人科动物的种系,也不能完全确定人与现代猿之间的关系。"至于证据,我们手头只有脚印、传说、"目击者"证词——以及一段家庭录影,摄于1967年10月20日,地点在加利福尼亚州布拉夫溪附近。两个来自华盛顿州的小伙子罗杰·帕特森和罗伯特·吉姆林,选择在那一带搜寻萨斯科奇人,因为曾在此地发现过数百串脚印。当遭遇萨斯科奇人时,帕特森的16毫米摄像机已有了准备,录制了约一分钟的影片,距拍摄对象有80至100英尺。研究萨斯科奇人的学者根据所拍生物的体格和跨步来驳斥其真实性,但时至今日也没有人能彻底否定该影片。与此同时,取自该片的形象却不断翻印在几乎所有关于大脚怪的书里,也不可磨灭地刻在了北美人的脑海里。戈登著《指南》的封面即用了帕特森影片的蚀刻画;其封底则翻印了同一镜头的静止照片。两幅图里都有一特别抢眼之处:乳房。巨大、下垂的乳房。我们最津津乐道、据认为是人与动物之间"缺失的一环"的最令人信服的形象,是一雌性。

我很惊异于"大脚怪"的啸声,几乎在所有的目击报告中都有记载,其诡谲的音调让人过耳不忘。所有的报告都说"大脚怪"害羞而趋于退避,只会在受到侵犯时才会有攻击性,因此我只能想象她的啸声其实是我们野性的自身,在为生存而搏斗。"大脚怪"是为失去了孩子而长啸,抑或为躲避那些所谓的摄影师的性侵犯?她是为森林、为她自己或同时为二者而长啸么?她拉高了嗓音是为防卫还是因悲恸?我想象着这长啸便是发于我自己的,当我目睹河对岸的清场砍伐区,当我想到哥伦比亚河上的大坝、阿拉斯加的输油管道。不至于家喻户晓,那长啸声。可它就在这里。

有时在傍晚,在晚餐前后,当吹过湖面的风平息下来,空气也趋于宁静而温暖时,玩帆伞滑翔和悬挂式滑翔翼的人从高居于黑山的伐木路上一跃而下试试运气。住我们附近的邻居沃尔特和达琳便对此类空中运动非常熟稔。五年前，达琳（已逾六旬了）决定与贝灵翰姆唯一有执照的滑翔翼教练、沃特科姆“飞翼俱乐部”的詹姆斯·菲泽联袂飞翔。

“你得天天向上才行，”达琳抬头对我说，说得很是巧妙。与往常一样，那天傍晚她正忙着她的花花草草。“当你飞上去时，那儿是如此的静谧，”她解释道。“就像你做的最美的梦。”

有一回，教练告诉她，一只鹰飞过来与他在机翼下并行。人与禽一同在银湖上空翱翔，这似乎在图解物种之间的对称性，一种被淡忘但并无消逝的关于生命的记忆。存在与森林河湖中的荒野，倒映在了高空的荒野之中，这是我始料未及的。

每年八月底，银湖之畔都会举行美-加国际悬挂式滑翔大赛。那会儿肖恩要频繁去西雅图面试，屋子到了晚上便冷清很多。该去看看滑翔翼了。

“待在地面，祈求能飞到天上，这总比上了天，祈求能回到地面要好。”

六个50多岁的男子站在旷野边缘，仰望天上三架悬挂式滑翔翼。这块位于银湖公园、充作降落区的草地周边有宽阔的弧形林木带，遍植桤木、雪松和枫树，其尽头则有两座旧谷仓。附近的团组露营地里充斥着卡车、野营车和帐篷，人以及狗正随处溜达着。我们身边停放着一排五颜六色、已经降落的滑翔机，机翼轻轻点触着地面。

可假如这是那么多飞行者所祷告的，那他们为什么还飞？

“你有没有做过自己飞起来的梦？”康拉德问道，这是一位年近六旬的高个儿男人，仍留着年轻时那一头长长的金发，只是现在已全然灰白，他的额上缠着头巾。我当然做过这种梦，有无数个夜晚我飞行在黄檀木树梢之上，那是我儿时街区的行道树。“那就应该飞啊，”他说得很明了。“不是所有人都有这个梦的。”

“倒不是天生的，”加里承认道，一边俯身抽出机翼里类似很多帐篷里的那种支杆。“可是你的脚一离了地，一上了天，你要么吓得再也不想下回了，要么就像嗑了药一样。我第一次飞的时候一连飞了三四天，每个星期都是。怎么也飞不够。”

我嬉笑着指了指挂在机头上的海盗旗，以及机身印成纹章形式的“坏狗狗”字样。“这些又怎么说？你还没长大么？”

“噢，不，”乔尔嚷嚷着插话道，同时从他自己那架滑翔翼旁转过来打量着我。“她要跟我们讲长大成人的道理了。”这个戴眼镜的男子留着蓬乱的灰发及胡子，眼珠溜溜转还耸着肩。“长大有什么用？现在我们买得起更棒的玩具了。”

“跟她讲讲你的梦想吧，”康拉德怂恿他道，“你听过之后再说。”

乔尔向前一步过来和我们说话，这是一个乐于推心置腹的伙计。“我不但做过飞翔的梦，”他告诉我，“还真的有过出窍的体验。有一些夜晚我能感到自己升出了躯体，高高地飞在树木和公路上方。这是在我们有电视机之前，”他解释道。“所以说当我瞧见直升飞机从路面腾空而起，一个方向闪着红尾灯，另一方向闪白头灯的画面时，我感到了似曾相识的震惊。”他停顿片刻估摸我会怎么反应。“我在梦里已经看到过这种红白两色的灯了。”

追梦，这对于我而言再熟悉不过。就在那天早晨，我还驱车来到银湖畔的营地，将一个礼拜的垃圾都倒在大垃圾筒里，然后一头扎进了一堆男人中间，他们有十二三个，围着野餐桌。我表现得很淡定，并不想作为一个菜鸟而引起注意，何况还是个女的。男人们三三两两好奇地打量着我，有个留短马尾辫的人在宣读规则。“还有谁想要还没拿到的？”他临了主动问道，我伸手去要。接着这些飞行客们开始向我自我介绍，其中一位不那么客气。“你是谁？”他硬邦邦地问道。

“一个追大腕儿的，”我乐得实话实说一身轻。

“噢，是嘛！”男人们嬉笑着相互捶打。“没多少人追我们哪，”其中一位说。“很欢迎你呢。”

“你想上起飞台看看吗？”另一位提议。“我们需要一个司机。你觉得你能开那辆卡车么？”他指了指一辆大型吉普，车顶绑缚了三架悬挂式滑翔机，看起来就像装在旅行袋里的滑雪板。

“没问题，”我说。我就这么入伙了。

可此刻我却没那么确信了。只要有那么一次事故，飞行中在错误的时机转错了风向，滑翔者便会因此送命或终生伤残。也没有人对此刻意隐瞒。兹登卡就坐在草地边的轮椅上，凝视着降落区。五年前，就在降落时她的滑翔机一条缆线突然断裂。虽然保住了性命，但她的左半边身子永久性瘫痪了。还有詹姆斯，在一次双人飞（不是和达琳的那次）的迫降中摔断了右股骨。迈克尔呢，他的前排搭档是一位30出头的女子，与我一样也是自告奋勇来开车，作为交换可以玩一次双人飞，她却在紧急降落中不幸香消玉殒。那么为何这些空中骑士还乐此不疲？而我为何还要强迫自己去飞？

我们开到了那扇熟悉的黄色大铁门外，这门把公众路线与所有华盛顿州的伐木路隔绝开来。此时其中一位飞行客跳下车，拧开机关让升降臂放行。我很惊讶地问司机迈克尔，滑翔机怎么可以获准上伐木路的。

“我们和‘皇冠太平洋公司’有协议，”迈克尔解释道，与此同时我们驶进大门，并等待那位飞行客关闭并锁上升降臂。“他们也希望这块地有些娱乐功能，条件是我们同意不为任何因此而引起的事故或灾祸起诉他们。这样挺好”，他咯咯地笑起来。

假如山上的树没有遭到砍伐，便也不会修出这些路。悬挂式滑翔机的飞行员们也将无法走四英里半的山路把他们昂贵的装备拉上来然后飞越银湖，而同时他们的妻子、孩子或女友在降落地点耐心地等候着。面对着使这种环境娱乐活动[①]成为可能的社会、经济语境，我陷入了沉默。

在沿漫长而颠簸的山路上行至黑山起飞场的路上，迈克尔吉普车里的五个滑翔爱好者在争论高崖滑翔与悬挂式滑翔的安全性，及硬质翼与柔韧翼的对比，并抱怨起保险公司来，因为保险业将悬挂式滑翔运动定义为不可投保、“无谓的风险”。我想起了那些伐木工，他们的日常工作也包括“无谓的风险”。而此时的我呢，心甘情愿地跟着一堆名字我都不大叫得上的陌生男人驱车前往一个未知的目的地。此时的他们呢，踌躇满志地乘着人造羽翼，希望在风中翱翔。有点像老掉牙的故事情节——飞行员、伐木工、好奇的女人——而保险公司对我们都嗤之以鼻。

沿着满是尘土和坑洞的之字形路线开了近一小时后，我们终于到达了起飞场。山上完全为雾笼罩，厚重得简直无法看清停车场以外的地方。山下湖区的清

---

① 环境娱乐活动：environmental recreation，即户外活动。

晨是微风飒爽的，只有数片云朵悬在黑山上。而到了离银湖公园降落场近五英里山路之上的起飞场，在伐木路边缘土质崖径 20 英尺之下，大山整个儿就不见了。飞行客们忙着装配滑翔翼时我沿路溜达，走近一个戴棒球帽、拿登记板和手机的男子。米奇也是他们其中一位，但他决定退出本周的比赛，而当起了起飞指挥，决定何人可以在何时飞。在与降落场指挥的电话联系间歇，他向我保证每个人都会飞，我们只需等待起飞之窗的打开，即云雾中出现晴朗的开口，云层分离，地面和湖面看上去只咫尺之遥。

飞行爱好者们一直在这块由伐木路改造的滑翔机起飞场上忙着装配机翼，穿着飞行服走来走去，可裹住双腿的背袋扑通扑通地搭在后面像龙的尾巴。起飞场地的周边，野花儿已经开始重新占领山坡。有紫色羽扇豆、白芷花、绿菟葵，似珠玑如锦缎，且永远那么繁盛。留存的几簇杉树仍然使清凉的空气中飘荡着芬芳。飞行客们把他们的装备拖来拽去，反复调试，高山砾石路被他们踩得吱嘎作响，而就在他们头顶便可听得喧哗的溪水在附近流过。八月末的时节，北卡斯卡德地区仍只有 55 度[①]出头，且浓雾弥漫。

这些飞行客很友善，很愿意解释器材、风向，以及驱动他们去飞的欲望。

“我不太善于社交，”乔尔说着视线从我眼前挪开去检查他机翼上的线条。“我不知道该怎么聊天。这倒是一种使用共同语言的方式。”

“上去了你就啥也别想了，”另一位解释道，同时穿上了飞行服。“你只管压倒你的恐惧，向前飞。你成了鸟群的一员。一只大鸟。”

“有一次一只金雕就在我旁边飞呢，”史蒂夫主动说起来，他边穿飞行服边说。“可接下来我开口和它说话，于是就解开了咒。以后每次它都冲我的滑翔机飞过来，直奔我的方向伸出爪子，然后再收起，就在我下方飞。我学到了不少，”他总结道，并向一小群聚拢来听他说故事的人点着头。

“你到底跟大雕说了什么？”我非要知道。

史蒂夫顿了顿，接着耸了耸肩。“嗨，小鸟儿。”

我们都大笑。

---

① 华氏 55 度相当于摄氏 12.8 度。

“可是想想吧，被这些鸟儿当作‘我辈’接受了，”加里的话促使我们深思。“我看见过一只红尾鹰在我下面50英尺飞，利用同一股上升热气流盘旋。有时候老鹰不喜欢你，于是就跑到你机翼后面，这样你升不上去。是的，”他嬉笑着，“在那样的高空你就是在跟高手过招。”

人群散开，我继续溜达。有几个飞行客给我看了各式各样的工具，一旦上了天他们便凭此遨游天空：指南针、高度计、气压表。都是昂贵的玩意儿。每个人飞行的时候还要配备头盔和降落伞。他们都整装待发了。

我回到米奇身边，看见第一个飞的已经做好了起飞准备。

“他们怎么飞得起来的？”我问米奇，自觉像个搁浅版修女飞飞[①]。

“到这儿来，”他答道，同时踏上起飞台并示意我跟上。在那里，只离伐木路边缘几英尺的地方，劲风沿山坡扑面而来。米奇指了指插在下面20英尺处的木棍上缚着的粉红丝带。此前我还没见过这个，但丝带的动向告诉了米奇他想知道的：风的时速在十到十五英里，足以让悬挂式滑翔机飞起来了。

“风总是有的，”米奇几乎是在耳语，“等候着我们。它有灵性呢。”万事俱备，只欠起飞之窗的洞开。

终于等到了云开雾散，米奇向第一个起飞的点点头，那人助跑了几步便冲出起飞台，轻松地上升到空中，同时将双脚挤进背后那个有点像昆虫的大背袋并锁上拉链。嬗变。

那天下午，起飞之窗接连打开，如风一般静谧，飞行客们乘着滑翔机钻入云中，化作蜻蜓、猛龙、抑或就是梦想飞翔而终成真的男孩子。

一个夏天不足以熟识一个地方，尽管我确实去尝试了。每天“大红杉”和我都徜徉在银湖公园里、上红山的小道以及上黑山的伐木路上。周末野营的人和车喧闹过后，周一的野营地又复归我们自己了。我们在公园里捡起“起司维滋奶酪”盒子、啤酒罐、鸡骨头，丢进垃圾桶或回收箱里（需要做些工作才能劝服“大红衫”放弃骨头）；毕竟这公园是我们的后院儿。在晴朗的午后，我坐在小屋的露台上，凝

① 修女飞飞：the fly nun，出自美国1967年同名电视喜剧。

望天的铁蓝色，以及振翅交尾的黑蜻蜓，倾听湖水对码头的拍击，以及风入树林的澎湃。我试图抛开自己的故事，任由这个地方把我吸纳进去，我只管听、看、探究、提问，利用好田野指南、地图和史书。

在快离去的最后两周，一种紧迫感追逐着我，因为我意识到自己尚未见到与"枫树瀑"这个城市同名的景物，即先志中提到的那座35英尺高的瀑布。我曾闻得其水从黑山跌落进银湖，也曾泛舟于湖的南端，即溪流带走湖水之处。而现在，或许也因我也将离湖而去，我需要知道这水接下来要流往何方。当我继续上路混迹于其他的追逐之旅时，我如何挽留住这湖的野性的恬静？那挂水流可以教会我，我只需找到它。

我手上的地图都没有标注这座瀑布。凭着直觉我打通了银湖公园的电话，想找一位护林员问问。接听的是迈克·巴恩斯。"问这个的太多了，"巴恩斯护林员回答得很轻松，并告诉我怎么找瀑布。

那天傍晚，"大红衫"和我没有走寻常路，而是钻进了覆满灰尘的汽车，沿银湖路驱车四英里半，与那条看不见的、出银湖并注入努克萨克河北支的枫树溪一同奔驰在黑山与红山间的谷地里。在伐木作业的高度，枫树瀑城曾一度差不多占满了努克萨克河北支在黑山与斯莱德山之间的河谷地带，假如托德的《林中道》中的老照片记述无误的话。世纪之交的近20年里，瀑布就位于城中，沿岸还建了数座锯木厂以利用水资源。不过随着伐木业式微，经济基础从木材加工转向了旅游业，商店便取代了锯木厂。在银湖路与贝克山公路交会处，已无瀑布踪迹可循。

在"德尔斯托尔豪森"和浸礼会教堂酒店的后面，林中小道几乎与我擦肩而过，而一出现在眼前便是一副破败却又亲切的样子，路面因孩子和动物的经常踏足而压得很紧实。没有任何关于瀑布方位的指示牌或旅游标识。但小道就是向导，它穿过圆叶槭和道格拉斯冷杉，并在一处陡峭的路堤向下延伸，我循路而行，激流声愈发响亮猛烈。我攀上数块布满苔藓的巨石，翻过几根倒木，映入眼帘的一枚深藏的宝石让我顿觉不虚此行。枫树瀑直下35英尺，并形成了大大小小好些个水潭。它掩映在如此浓密的树丛里，很难想象一个世纪前，此地被砍伐一空且用作了锯木厂。若我有缘在枫树瀑城寻得萨斯科奇人，那一定就是在这里，在小城观光旅游及商业的层面之下，真正的野性的枫树瀑布群不被标记地畅流着。潭水往下七至十英尺依然清冽得几乎失真。我见此不禁脱掉鞋子，攀过最后几步路而下到溪边，潮湿多沙的泥地里只有我的脚印。

第四年　油与水

对于内隐于人类生活的那种精神隔离，以自然为基础的文化通过尽力去修正来加以关怀——以生态参与的方式与自然界共生，以仪式及养疗来创建、重建人群自身之间的联系以及与世界的联系。

西方文明应付这种隔离时则靠掩盖、铲平；将其戏剧化、演绎出来，使之变本加厉，并施之于他人。

——切莉丝·格伦迪宁(Chellis Glendinning)，《我的名字叫切莉丝，我正从西方文明走向康复》(*My Name Is Chellis and I'm in Recovery from Western Civilization*)

一个女人无法
　　单独
靠自己的呼吸生存
她必须听懂
山的声音
她必须认得
蓝天的恒久
她必须循着
夜风难以捉摸的
躯体
而涌动
风会送她
走进她自身

——乔伊·哈乔(Joy Harjo)，"火"("Fire")

爆　炸

I

起初只有水，你也是其中一部分。别去在意你还听到了什么说法。这便是你最早的关系，与水的连接。而这种关系的品质，你关于水的信仰的特点，塑造你一生中所有的关系。观滴水可知沧海。你不可能将关系相互剥离，不能对此水无限敬仰而对彼水弃若敝屣。因为水是循环的。水明白不存在分割。你也应该明白，因为水一直在教诲着你，从一开始。

想象一下，一条小溪流淌过你一生，从生到死。是的，到死。

你来到世间水就有了，你走了水还在。

想想泛青色的冰川的沉默，在孤寂之中绵延着它的亘古，融化着。每个冬天降雪如期而至，或厚而湿，或脆而干。每个春天雪开始融解，冰川也在生长、消融。水从松针和柏树皮淌下，从岩石和倒木上淌下，穿过苔藓、泥土和沙子淌着。

湖汇集了雨水、雪融水以及丰沛的溪水。湖泛滥着、漫溢着、倾泻着、畅流着，此时奔涌下山，冲扩着河床，而这样的旅程它此前重复了无数遍。

你从没见过这条溪——流遍你日日夜夜、一季又一季的隐藏水系。离了它你不能存活。你指望这看不见的水能永远地流下去。在你出生之前，在你踏进它之前它便在此流过，你还可以想象它会比你更久远，比你对它的所作所为更久远。你觉得它是无限、无尽的。你知其不懈之力能够雕琢山岩，因为你见过，见其穿石而过，见其留下的各种印记：在水壶里，在岩石往复运动的水域盆地里，在瀑布下的水石交错地带。

水成了你。可是你就和那喀索斯一般,看到水里而只看见自己。你认为只有你一人。你害怕了。你需要控制恐惧,这种孤寂感,这种令你胆寒的分离。

你看到了水的威力而你想加以利用。力量可以使你有控制权。你建筑大坝、混凝土运河和沟渠,相信这么做了你就控制了水的能量,水的生产力以及你对分离的恐惧。然而水很有耐心。法律出台了,要管辖水资源、能源与水力的运作方式、土地的经营。后果也出来了。水没有怨言也不索回报。你自身的行为,无论有无技术含量,都决定着结果。你自己与水的关系或毒害你或挽救你。决定在你。

你相信围堵水的流淌可以给你力量。

你相信围堵情感的流淌可以给你力量。

你相信役使动物、圈地占山可以给你力量。而有这么一阵子,这些策略确实奏效。

但后果接踵而至。被移位、切分、压迫的一切,都会携更猛烈的力道卷土重来,谁也控制不了。任何人都不行。

Ⅱ

想象一下有这么个家庭。先想想年长一辈的。你能想出多少?孩子们哪去了?兄弟姐妹,叔叔阿姨,堂哥表妹,侄子外甥,孙儿孙女?需要多少人才能形成一个家?你能独自成家么?

换个角度:家庭的亲属有限定么?规限之内有个确定的数额么?你可不可以说:"家庭只能有十个人"?"第十一个就不能算在内。"要不你想表明包容的立场,抑或总有不一而足的事情约束着你,使你说"好吧,这个也算"?

你怎么确认一个家庭?

家族成员必须流着相同的血吗,或是爱情可以创建一个血统不一的家?家人一定要同样的年龄、性别,还是可以多种多样?他们一定要肤色相同,文化一致吗?他们一定得男女配对,还是只要因爱就能结合?他们一定得是同一个物种吗,你的这些家庭成员,或你也能将其他物种也作为家人对待?土地算是你家庭的一部分吗，要不家属关系终究还是有限定的？

当你在谈“家庭”时，你是不是在谈谁是要包括在内的？还是说“家”要真有意义的话，得把什么人排除在外？

Ⅲ

建造一个小城市吧。通常有的都会有：学校、食杂店、市政工程及卫生设施、餐馆、旅店、市政府及医院、图书馆还有博物馆各一家。这些都属服务行业，民事关系。你的城市需具备经济基础，这不，有了：你的城市傍水而建。假如没有水，城市根本就不会建起来。你的城市的第一个关系就是与水的，而你如何对待水将决定你如何对待一切。

问题在于：想象一下你的城市与水的关系从根本上遭到了拒认。你佯装并不那么需要水。你佯装能够控制它。你仿佛无所不能，无所不能取，无所不能弃，而水仍在那里，跟从前一样。

你对待土地也无二致。你城市的经济基础正是要摧毁你所栖息的地方，摧毁你已经爱上的地方，你成为家的地方。我知道——很荒谬，但等着瞧吧。等我们说完了你会重新选择看法的。

你的城市佯装森林和湖泊是毫不相干的，于是砍树造房筑路，修建供摩托艇和机动滑橇用的船坞，也从湖里汲取饮用水。你的居民佯装城市与土地是分离的，便在整个住区之下开挖煤矿，开采走乌黑的矿产，并在矿源枯竭时撤走了混凝土和木料支撑，只留下空气去填补那黑暗的空洞，只留下水。

Ⅳ

想象一下还有一条河穿城而过，穿过你的家，穿过你生活的心脏地带。与水一样，这条河也供给能量，前行的动力。你不假思索地使用它就像用水一样，也不问问它从哪儿来，在你使用之后又往哪儿去（你认为它到别处去了。你不知道别处是哪儿）。你弄不清在特定的时刻它有多少能量。你不需要考虑这个，真的，因为它总存在着。

这股力道与水不同。这力道是致命的，得小心处置，否则就会爆炸。饮之者死，过量吸入也要休克。和它打交道得配戴面具手套，穿防护服。

为显示你的抗拒力，你在城市的心脏地带让两条河交汇了。就在那里。然后你宣称不会有爆炸。

Ⅴ

在你的城市里，人也是以群分类的。这些人工作、生活在一起，相互依存。你与他人的关系折射出你与水的关系以及你对家的看法。意义建立在排斥的基础上。定义来自于不需要什么。你是谁取决于你不是谁。记住所有这些，然后再加以拒斥。

Ⅵ

我可以跟你讲讲有关这种分离，这种拒斥的故事，就发生在你的城市里。那些在C大街和D大街之间、靠近火车站的十二街工作的女人，你懂的。那些“围栏”，你懂的，城里的男人为肉体的快乐付钱给女人，直到正直的女人站出来抗议才关闭红灯区，堕落的女人也被遣散。1910年时，那些女人是分离开各自为阵的。

就在这里，康沃尔大街，780名男女于1926年举行游行，宣示他们的分离，他们穿白袍，戴白尖顶帽，脸也抹成了白色[①]。20年后，贝灵翰姆旅馆拒绝了伊内兹·马隆的优先入住，并在她到店时向她说道：“我们不做有色人种的生意。”此前33名日裔美国人刚遣送到图雷湖，其中包括两名贝灵翰姆中学毕业生以及六名美国退伍军人。该旅馆无意挑战公众情绪。

你的抗拒很有韧性。这些都是很早以前的事了，你说。你强辩，如果这些是近年发生的，才好拿来说事儿。很好。

你记得林登树莓地附近的季节工营房车道上，有人点燃了一座木制十字架的事儿？那是1994年。你记得杰丝·托卡索（Jess Torcaso）走在大学校园时头部被石头砸中，袭击者高喊“女同！”吗？那是1998年。你记得贝灵翰姆高中毕业生已连续三年收到“国家社会主义先锋团”赠送的通讯？这些通讯列数国际犹太人

---

① 指仇视黑人的白人种族主义极端组织三K党（Ku Klux Klan）。

的金融阴谋，力图证明犹太人遭受的大屠杀其实是场骗局——这些资讯对于不太了解分离的高中毕业生而言，一定是必须的、有用的。

无稽之谈，你反驳说。这些都是孤立事件。次要事件，不能反映这座小城的核心文化。

对此类否认你玩得可是得心应手。我简直快要认为你就是这么认为的。而现在，你又在佯装我们对待水与我们的相互对待，这彼此是分离的。

而且你还坚持认为，力量源自分离。

后来呢？

Ⅶ

1908年贝灵翰姆青年商务会所买下了沃特科姆溪周边40英亩土地并建起了沃特科姆瀑布公园。大萧条时期，罗斯福总统的工程振兴署(Works Progress Administration)在公园里建鱼苗孵化场，并帮助修筑了横越瀑布的石拱桥。随着公园的扩大，它成为人们垂钓、游泳、远足的钟爱之地。市政部门还在其中修建了马路、网球场、野餐桌以及一座运动场。

1965年，两条口径分别为16英尺和20英尺的平行石油管线埋设在了沃特科姆县。双管在西雅图-塔科马国际机场并为一股14英尺口径的管线继续南行至俄勒冈州的波特兰。奥林匹克输油管始于沃特科姆县炼油厂，纵贯贝灵翰姆市区，在沃特科姆瀑布公园之下流过，离贝克山中学仅30英尺。这条管线还要继续在沃特科姆境内向南，途径萨米施公园，并穿湖而过，地点就在游泳区旁的那座木桥附近。为取得将管道安放于城市拥有的土地上的权利——这项权利于1994年到期——奥林匹克管线公司每年向贝灵翰姆市支付500美元。30年来，这400英里的地下管道每年输送40亿加仑石油，以及沃特科姆县两家炼油厂(阿尔科氏彻里波音特炼油厂及在尼普顿滩的托斯科炼油厂)出产的几乎所有燃料。

1968年，市水处理厂兴建于沃特科姆瀑布一旁，而随着城市扩张，输电线路也铺到了附近。

在1985年至2000年间，奥林匹克管线公司共为发生在华盛顿州的至少12次、每次不少于50加仑的石油泄漏事故承担责任。泄油量从1 000到168 000加仑不等,包括航空煤油、汽油以及柴油。1999年初,奥林匹克管线公司申报修建一条230英里长的燃料管线,从西雅图跨卡斯卡德山区到达帕斯科,途径三个州立公园。在西雅图以东30英里的诺斯班德小镇,该管线就埋在斯诺夸米山谷小道之下,离市中心三个街区,离一所小学及一所中学仅数百英尺。

后来呢?

1999年6月10日下午3点25分,奥林匹克管线公司在其位于兰顿的指挥中心在不能收到管道信息的情况下,关闭了从弗恩代尔到波特兰长达229英里的管道。公司职员于4点32分试图重启管线,但没有检测到压力,意味着管道内出现泄漏。几分钟之后,一位在沃特科姆瀑布公园的奥林匹克职员报告说闻到了汽油味。

在45分钟的关闭期间内汽油是存留在管道里的。在奥林匹克重启后15分钟汽油被继续泵入,这都发生在操作员知道大事不妙之前。在此期间,277 000加仑汽油泄入汉娜溪继而流进沃特科姆溪,在水面上形成四英寸厚的油层。汽油还出现在地下七八英尺的深度。

傍晚,三个贝克山中学女生去沃特科姆溪游泳,但在闻到刺鼻的汽油味时,决定离开回家。4点25分,贝灵翰姆的911热线开始接到报告有燃料味,而沃特科姆公园附近的人们感到呼吸困难。4点45分,贝灵翰姆警方和消防部门采取应对措施,封锁了爱荷华、沃本及紫衫大街的十字路口。

唐·奥尔德森周四那天下班回家很早,准备打理行装去加利福尼亚参加女儿的中学毕业典礼。傍晚时分,奥尔德森闻到了汽油味,并去检查自己的车看有无漏油。然后他注意到沃特科姆溪的水,这流经他半英亩地产边缘地带的河水,已成了琥珀色。奥尔德森此时并没有清醒意识到发生了什么,他的金毛猎犬切斯特提醒了他。当切斯特扑倒在地,嘴角吐沫,眼球上翻时,奥尔德森把爱犬带上车,驶到一个街区之外的地方。消防队员不知何故正聚集在那儿,他们给了切斯特一个氧气面罩。数分钟后,一只火球从沃特科姆溪咆哮而来,奥尔德森的家登时烈焰冲天。

“我们还以为是地震呢,”住在沃特科姆溪附近的一位男子说。“家里的瓶瓶罐罐都摇晃个不停。”

“浓烟看来有三英里宽，冒着好多条烟柱，”贝灵翰姆的一位消防员说。“我估计它升到了 20 000 英尺的高度。我心脏都停顿了。”

“我以为是贝克山喷发了，就像圣海伦斯山那样，”一旁观者道。“可是对于火山而言那烟尘又太近了。”

爆炸的威力摧毁了市水处理厂的七扇窗户。厂内有 20 座容一吨液氯的贮存罐，离输油管 100 英尺。

爆炸的冲击波毁坏了来自普吉特海湾能源公司的输电线，切断了5 800 户住家及商铺的供电。

爆炸点燃的火墙炙烤了溪谷，以 2 000 至 3 000 度的高温将其所有栖息于此的生灵化为灰烬。18 岁的利亚姆·伍德那天刚从塞霍姆中学拿到毕业证书，在沃特科姆溪蝇钓时被汽油烟气吞噬。利亚姆在大火之前就溺毙于水里。斯蒂芬·齐奥瓦斯和韦德·金连这点运气都没有，这两个十岁男孩在沃特科姆瀑布公园玩瓶子火箭，爆炸时他们身体着火，便跳入溪中。火焰遮住了他们的视线，他们看不见，也想不到，溪本身也成了一片火海。营救人员很快找到了他们，但大火和汽油给他们皮肤和内部器官造成的损害已无可挽回。次日早晨 7 点，两个孩子宣告不治。

约有一英里半长的溪被大火破坏。爆炸之后三天据鱼类与野生动物管理局的统计，数千鳟鱼、大马哈鱼、小龙虾和青蛙死亡。还可见不少红尾鹰、知更鸟及一头水獭烧焦的尸体。被烧最严重的动物在被工作人员拾起时就化作了齑粉。溪岸上下均没有了飞禽走兽、花鸟鱼虫的踪迹。岩石被炸出了保龄球大小的孔洞。泥石流将涂满烟灰的石块和树干带进了溪里。整个区域弥漫着烧焦的遗骸的刺鼻气味。

Ⅷ

你还在听吗？你明白了吗，我们对待水的方式引发、影响、形成了我们对待彼此的方式？

连你的小城现在都明白了。人们在问，这满目疮痍的景观我们该怎么治理，怎么让沸腾的溪水凉下来,怎么让三个男孩、不计其数的鹰和黄莺以及 30 000 尾鱼起死回生?我们以爆炸、燃烧的十字架、撞楼的飞机为代价,换得对拒斥之墙的洞穿,以及对因分离与日俱生的痛苦的显露。直到此时人们才诘问,如何尊重肉体的劳动,如何在白纸上画出彩虹,如何让旅店重新开张?我们可以如何改变,来保证此类惨烈事件不再发生?

为治愈创伤人们自发组织起来。在沃特科姆瀑布公园警戒线外的入口处,你的城市民众留下了鲜花、便笺、毛绒玩具和气球。他们还自愿去溪边清理残骸、加固河岸,并在焦土上重新植树。他们建起了一座路边陵园,竖起了一尊雪松木雕,以纪念利亚姆·伍德。他们坚持要求相关企业进行民事和个人赔偿,迫使公司对孩子们的家长做出道歉。市民们多方游说并最终促成了国家管线安全法规的通过。

爆炸事故一周年时,民众发起了一场公众自行车游行,通过将毒性、能源与运输等关键词的重新联系来为人们医治创伤。上午 10 点刚过,150 多名自行车手和徒步客组成的队伍从沃特科姆湖畔的布勒德尔-多诺万公园出发沿溪而行四英里,经沃特科姆瀑布公园、爱荷华等州街产业区而抵达海湾。人们在那里演奏小提琴和吉他、唱歌、演说,向水以及三个男孩致意,并表达城市民众的决心:取用新能源,可以与生命的能量共处而不是施以危害。他们相互诉说道,作为一个民族一个国家,如此依赖石油,必将毁掉我们,毁掉水和土地。人们酝酿着一场自行车革命。

爆炸发生一年之后,"部族事业"剧社(the Tribes Project)[①]在弗恩代尔中学排演了一场关于种族与偏见、友谊与差异的话剧。该剧全部由青少年编写并演出,并受到热烈欢迎。次年,弗恩代尔中学生们在一片欢呼中选举出一位"归乡王后"(homecoming queen)和"跨性着装王"(transgender drag king),而城里大人们无论有多少抗议也动摇不了他们变革思想的决心。

爆炸发生一年之后诞生的"护水社"(Keepers of the Water)准备展出表现水流的艺术品,以期观者行动起来,在净化水的同时也净化自己的心灵。他们的"活

---

① 关于该剧社,可参见其网址:http://www.tribes-project.com/menu/。

水花园”计划意在涤清被城市径流、工业排污及垃圾损毁的水资源并使之重现活力，而澄清池、流动水体及湿地都成为其绘画的对象。他们的目标便是创造“一个社会，其间每个人自出生起便开始不断地理解生命与水之间的深层联系”。

“贝灵翰姆第一公理教会”（the First Congregational Church of Bellingham）公开表示要做一个“开放而接受”的教派，欢迎所有性别及性取向的基督徒，其包容姿态与另外一些公开认可多样性的宗教团体站在了一起：一神普救派、贝丝以色列犹太教会、信念路德教、花园街卫理公会。

爆炸发生一年之后，印度卡纳塔克邦哲蚌洛斯林寺藏教喇嘛来访问小城。喇嘛们意识到这座城市的人民以及溪流都需要医治，便花了一个星期用沙子堆建了一座精致的永生佛，在这场仪式及他们的艺术的最高潮，他们为佛像诵经，然后扫除掉沙堆，以示万物的无常。在传统上沙佛是被沉入内陆水体中，西藏人相信佛的医治法力可以传入海洋并遍布世界。沃特科姆溪完全契合了这一传统。众喇嘛将两尊12英尺长的号角抬到水边，念诵着单调的经文，将毁掉的沙佛倾倒进沃特科姆溪，并将治愈的法力传入水中。

万物都是不断变化的。

无常，是水给我们上的最仁慈的一课。

Ⅸ

是时候要做出选择了。关于分离、家庭、权利的类别，你想相信什么？你会使用什么样的能量才感到放心安全？

你会与水有什么样的关系？

身体，中年

我在一只越洋大海螺上订了个位置，此刻正透过其贝壳中部的舷窗凝望外面。我的铺位无疑非常窄小，而海螺此刻还靠在沙滩上，随着海浪拍岸而略微摇晃着。如此的起伏不定让我感到很放心，我挺受不了那种来无影去无踪的巨浪，席卷了我们，裹挟了大海螺打着旋跌往大洋深处。当我听见船长通过扩音器说话时，我立刻有了要呕吐的感觉，并且意识到自己并没有做好本次旅行的准备，我真正需要的是赶紧离开大海螺。

我们在海上了。在到达彼岸之前已无退路。

无论喜欢与否，海上航行开始了。

甚至到了此时我都弄不清这一切是怎么发生的。通过一系列看似理性的决定——每个决定都和上一个一样有道理——我和我的伴侣卖掉了房子，将个人财物存进了仓库，租了一套度暑小屋，与此同时也在各个城市试探各种工作的可能。在临近夏末还无进展的情形下，我们签下了一座小平房的租约，这儿离贝灵翰姆湾三个街区，夜间从敞开的卧室窗口可以听见港口海豹的吠叫。在我回大学工作后一个月，我的伴侣得到了一份理想的工作，并搬到了西雅图。

从某种意义上说，那一年的收获令人难以置信，我心甘情愿地抛弃了一些似乎在表面上与为追寻美国梦而取得的毕生成就格格不入的东西。从另一角度看，那是我失去一切的年份。家。家人。方向。目标。

如果故事只涉及个人，我是不会写的。

但丁从地狱到炼狱再到天堂的旅程，一开始就让他意识到：他无法按图索骥。

“在我们的生命之旅的中途，”但丁写道，“我偏离了笔直的道路，醒来时发觉自己独行于黑暗的树林。”此刻，但丁没有考虑或许误撞上了天堂路——为找到它，一个人或许先得迷失。他没有想到以危机面目呈现的良机。用攀援者的行话说，但丁“被卡住了”。“我从未见如此阴郁、如此恶臭、如此艰险的荒野！”他哀叹。“关于它的记忆使得恐惧有形。”

尽管艰险的荒野对于经验丰富的背包客而言或许是欢乐时光，不过但丁描述的旅行绝非汽车野营在中世纪的对等物。（请注意他说的是“我们的生命之旅”——不只是他的生命。）糟糕得很：没有家，没有热水冲淋，没有心上人在等候。除了小路哪儿也去不了。而但丁把这小路也迷失了。

在这样的旅行中，当徒步旅行者偏离路线也丢了地图、所有的同伴、灯光时，旅途便成为了险途，远非林中漫步那么轻松。

有一天我吹干头发时，注意到了某种异常。当我侧向一边时，我的脸庞也耷向同一边。我惊得侧向另一边。我的脸也随之拉下。原本一向紧致的五官，突然就有了些许松弛——好吧，不止些许呢。现在我有了足够多余的皮肤来让脸蛋随重力而下移。兴许我日常都没法不板着脸，兴许我照镜子时一般都站得笔直，我先前并未注意面部的松垂，直到我把脑袋偏向一边——于是我的脸也给拉偏了。

在健身房的更衣室里，我向一位年长的女同事吐露了自己的发现。“我斜着身子时脸也挂下来，”我解释道。

“那敢情好，”她无动于衷地回答。她年近五旬，且似对所有关于自己年老的问题都已心中有数。“至少还能随重力移动。想想看要是你的脸蛋儿向上掉呢。”

这让我记起了母亲的拉皮手术，将额头、耳后及发际线之下的皮肤作小小的收缩，从而把脸部向上拉。我记得好多年前她刚开始睡在一块倾斜的床板上时的情形，她的足部抬起明显高过了头部。我那时还小，可能只有三岁，是无法理解的。但是我现在理解了：她一定观察到了我所观察到的，就在她侧身吹干头发的时候。

40 岁生日时，我曾想过庆祝一下，唤来所有最亲密的女性朋友，在野外雪地里弄个派对,围坐篝火相互倾诉生活的智慧。可是我最亲近的朋友都如同秋天的落叶般散居北美各地,而我的 40 岁,也在弃家的颠沛与关系的流离中度过,无暇有什么庆祝活动。到了接近 41 岁时,我已是孑然一身。

到了中年,好像和人打交道、结识新朋友都不那么容易了。每个人的生活都在全速运转,无暇顾及额外的往来。在小城市里,当地人大多仍保有中学时代的好友以及各种亲属关系,生活中也不再需要认识更多的人。在工作单位,新同事也一样忙得不亦乐乎,勉力去满足职业与家庭的需求。量的稀缺并非唯一的问题:说真的,年纪越大越挑剔,越在意朋友身上是否有我想要的品质。其结果,大部分时候我都独来独往。

但不管怎样,我挺乐意办一场"初老派对",补庆一下 40 岁生日,也借此扩大社交,分享智慧。我要邀请 40 多及 50 多岁的女性来畅谈中年及如何步入老年。肯定还有别的女性也在问同样的问题,走同样的路,但我们每个人都感到是在踽踽独行。这次聚会对于我们所有人来说都是一份礼物,一种集聚能量、焕发活力的方式,一次在人生之旅的半途举行的关于女性身体,关于人之老去的典仪。

我不能与但丁一起哀叹自身与朋友的迷失,而应该变换问题:假如我在本地结交朋友,她们会是谁?我毫不费力地写下了 15 位女性的名字。住在城里的女人。我在图书馆、新书阅读会、健身馆、达摩堂里看见或简短交流过的女子。那些曾交换过电话号码、也都答应日后联络却一直抽不出时间的女人们。

我挑了日子,计划好庆祝活动,做好了请柬并发了出去。女人们的反应可谓欢呼雀跃。想到要参加一个"初老派对"她们都来了劲儿。她们想和其他女人谈论年老问题的愿望一点儿不亚于我。我们的聚会将如期而至。

但丁。约拿。奥西里斯。奥德修斯。这些关于上下求索的叙事为何都是讲男人的?故事里的女人一边坐在家里纺纱一边忠实地守望夫君(珀涅罗珀)。她们努力去营救并赢得男主人公(喀耳刻)。她们引领他去天堂(比阿特丽丝)。要不她们就诱惑他走向死亡(塞壬)。

假如关于男主人公/英雄的故事,只是诸多叙事的一种呢?

假如奥德修斯是女人呢?

她此刻就在我眼前，站在船桅旁，如同《武士公主》里的希娜与弗吉尼亚·沃尔夫的奥兰多的混合体。她被喀耳刻营救且不情愿地和他有了韵事。她指挥船员通过了中间航道，抵制了塞壬的诱惑并从锡拉和卡津布迪斯之间逃脱出来。我想象她让船员把自己绑在桅杆上，水手们戴上耳机，把 iPod 的音量调到最大，以盖过塞壬的歌声，那可是致命的诱惑，任何人听到了都别无选择，只有跟从其走向深渊。只有奥德修斯愿意去倾听这些女人，且还能免于一死。她决定不回避这些肉感十足的声音和景象，因为那样的话她会错过海鸥的鸣叫、海浪的飞溅、海水的咸湿，以及镀银船头下阳光的闪烁。她知道如果自己蠢动向前企图抓住那音乐，会发生什么；她知道快感与快乐间的区别；她自己也曾攀上岸岩高歌。船驶过时，塞壬撩人的歌声响起了，奥德修斯清楚记得那欲望的力道，她甚至跟着那合唱哼了起来。这回她作着自己的曲子。

在《女英雄之旅》(*The Heroine's Journey*)中，莫琳·默多克(Maureen Murdoch)将约瑟夫·坎贝尔(Joseph Campbell)的单一神话论(monomyth)作了进一步发挥。显然这位《千面英雄》(*Hero with a Thousand Faces*)的作者告诉默多克，女人是不需要这么跋涉的。“在整个神话传统中女人就是在那里，”他告诉她。“她要做的只是认识到她就是人们试图企及的地方。”毫不令人意外的是，默多克发觉坎贝尔的解释“让人深感不安”。

如何讲述一个更好的故事呢？她的探索使她想到了伊娜娜[①]及这位女英雄的旅程。与坎贝尔在中下层社会作的半场旅行及其离别、启动、返回三部曲不同，默多克画出了一个整圆，于是看上去将主人公的探索旅程加了一倍(难怪呢——女人要得到与男人同等的认可，常常要加倍努力)。女主人公与母亲离别并由此开始行程，她弃绝、压抑自己的女性特征，以在男性世界里赢得一席之地。如同珀耳塞福捏与德墨忒尔的离别，女主人公摒除女性气质而以阳刚的面目示人，进入了由男性主导，崇尚权力与成功、职业与政治、生意与政府的世界。伊娜娜成为了女王。她勤于国事，到中年时已尽享成功之惠。众望所归，她也将为此而快乐。

---

① 伊娜娜：Inanna，古老的美索不达米亚文明的女神，是美神、爱神、富饶之神、生产之神，同时也是战神，既富有残忍的性格，也拥有果敢精神。

她为什么感到如此空洞呢？

伊娜娜的历程提供了一个我所追寻的原型。我们用故事记述生活，用叙事来行走人生。在发觉自己迷失了方向时，我寻求制图师的帮助，与伊娜娜一起测定我的方位。

在这个梦里，我驾驶着祖母那辆老旧的黄色“普利茅斯勇士”——我的第一辆车，正横穿沙漠。才早上8:00，出于某种原因我决定在夏天，在一天中最热时分过沙漠，而不是等到傍晚去披星戴月。离开最后一座小镇没多久，温度计便危险地陡升到要爆表。我关掉空调，用手摇下车窗，将热气升到最高，尽量往好处想。为什么我要驾着老掉牙的车过沙漠，还是在一天最热的时候？

我手持指南针，循着人际关系的弧线，并依此制定我的旅行路线，即画出两个圆圈：在外圈的是亲密而遥远的朋友，内圈则有靠的近与走的近的朋友。将两圆圈结合起来就造出了一个螺旋，那是积蓄和共享能量的理想形式。这两个圆圈怎么才能相遇呢？

我把请柬寄给远方的朋友，请她们写一封可以公开分享的信，写自己的中年之旅，写自己的疑问、洞察与挣扎。这些历久弥坚的好友都在回信中慷慨倾情。我把寄来的信贴在居室、厨房、过道里，直至我所有墙壁的每一方寸都呢喃着女人的智慧。

这些女人们终于来了。有些还带来贺卡、鲜花以及盆栽植物。每个人都挑选了一张我制作的名签——手绘作品：瑜伽冥想，滑雪与骑车，书包背包及编织包——写上名字并别在衬衣上。大家走在屋子里，阅读贴饰在墙上的那些信。到了厨房可以享用红酒、茶、水果和蛋糕。而我们在厨房餐桌上开始了最核心的仪式。每个人提出自己关于年老的疑问，写在我仿照芭比娃娃和她老公肯的模样做的彩色纸偶上（多少年前，我们以为芭比什么都懂——或者至少，她什么都有）。我们把写上了问题的纸娃娃折好放在人造豹皮包里，用亮亮的金属扣啪地合上。

当人到齐后，我们聚集在客厅里围成圈，传递着皮包，抽出问题，并寻求解答。体态。体重。体型。性欲。记忆。视力。死亡。失去。创造力。责任感。寻找毕生事业。交换伴侣。精神性。行动主义。性冲动减退的谬见。年老妇女的逐渐隐形化。决断与目的。我们周而复始地讨论着，生活中的一切都在议题之内。

接下来舞者登场了。

四个女人，身披围巾和钱币、面纱和短裙、珠串及手镯，翩翩飘入我们的圈子，向我们发出塞壬般的啸叫。我们也尖叫起来并大声赞颂，我们注视着她们并为其鼓掌。然后该我们了。我们从篮子里抽出面纱和头巾，相互装扮好，然后围成一圈舞起来：身躯抖擞摇曳、肚皮收放起伏。几个在图书馆工作的摇晃着臀部同时念诵着书目数据。行动主义者转着肩膀。一位草药医生打乱了我们的圈子，只见她在一片尖叫和欢呼声中掀开衬衣，炫耀着她波浪式的肚皮舞姿。一位环境教育工作者则踏着舞步跑进了夜色，眼镜也不要了。

这次“初老庆典”把散居各地的女人组成了团体，积蓄了能量。为了与更外圈的朋友们分享这些力量，我详细记述了那天晚上的提问与谈话，我写在那些贴了芭比娃娃的自制信笺、名签还有相片上面。

我召唤来的这些人都是同行的盟友，是精神向导、导师和姐妹旅伴。以后风云如何变幻，我都已经重振了以自己的能力经受考验的信心，因为我知道我并非孤军奋战。伊娜娜屈尊下到地底，是由于聆听到了妹妹厄里斯齐格的哭泣。她打定主意得去抚慰妹妹，便进入了“不返之地”。去地底世界要打通七道门，伊娜娜过关时失去了一片片高贵的胄甲。当她终于与厄里斯齐格相会时，已衣不蔽体。厄里斯齐格——她代表的是父权文化中受压迫的女性——见到伊娜娜时并不十分感激。默多克解释说，厄里斯齐格是被奸淫并流放到地底世界的女性的一分子。她就是粗粝、原始、性的能量；她是从意识中剥离出的女性之力。她就是受到藐视和蔑视的女人的本能和直觉。默多克写道，一个女人与厄里斯齐格相遇，便是遇见了自己的地底世界——在伺候高高在上的父兄们的几十年里被湮没而无法言表的愤懑与怒火。

难怪厄里斯齐格言语间充满了暴怒，用眼神杀死了伊娜娜，并将其尸首钉在桩上任其腐烂。

欢迎回家，亲爱的姐妹。

六月初一个周日的暴风雨之夜，一群女人聚集于老费尔黑文公共图书馆的门廊下。大楼已经关闭，但莉珊娜租下了楼上那间天花板高耸的会议厅，买来了植物幼苗及花盆，还挑了不少读物。我们每人选了一种植物带上楼。空荡荡的大厅中，一圈人坐在熹微闪亮的硬木地板的正中央，蜡烛、鲜花和石头置于一袭绯红带金色点缀的围巾上，四周是五彩枕头和靠垫。我们脱去鞋并簇拥在这块空间里。

莉珊娜邀请我们做自我介绍，谈一谈我们来此的缘由，我们心仪的女人是谁。接着她给我们讲阿耳忒弥斯——狩猎与永恒处女神，她可以安抚别的动物在生育时的痛苦，由此成为禁欲和性欲、生养与死亡的矛盾体现。处女，莉珊娜解释说，便是指向自己的女人。我们用她带给我们的体绘颜料，相互在躯体、胳膊、腿、脚上画月亮，将阿耳忒弥斯的符码归为己有。莉珊娜分发了纸笔，邀我们把讲述的故事更完整地写下来。这一回，她说，我们得用第三人称"她"。莉珊娜相信假如我们能跨出自己的经验域，或许我们能够怀着更多的同情看待我们自己。

我写过此类故事。故事里的我25岁，嫁了人，还在读研究生。没有钱挣。我丈夫的怒火让我很害怕。我做什么决定他都支持，却不表露任何自己的感情。我独自去了诊所，自费做了流产。之后我们也没有谈这件事。我的悲痛凉了，也硬了，封闭了起来。两年后我提出离婚。

我又把这故事写了一遍，讲述这个一直想保住肚子里那小小的胎儿直到长成一个孩子的姑娘，这个一心想创造一种由写作、激进活动及抚育孩子充填得满满的姑娘，这个面临着只能有一条而非两条生命好好活着的生活处境的姑娘。她得选择：谁将生存？谁会死去？她向生命承诺：为了她从生命中索取的，她将回馈数百倍。她将用自己的创造力来捍卫水和动物、群山和树木，以及生活和工作在每况愈下令人绝望的环境中的人们。她要把个体存在的丰饶的潜能发挥出来贡献给群体。她说，这就是我的身体。

带着如此的承诺，她做出了正确的抉择。对这一天她从不动摇。她知道自己母辈们的非法堕胎史，用帽针、麦角碱等一切必要的东西来掌控自己的生育力。她是为了保全自己的生活，因而算不得罪过，而又因为她并不忏悔，也就无处诉说那份凄凉。她的悲苦沉静下来，变成了腹中的石头，和胸中的硬结。

不是什么新鲜事儿了。

这一回，当与其他女人围坐一圈时，我从结尾处继续写下去，讲了故事的其余部分。那女孩成了女人。她兑现了对生命的承诺。她发起并参加活动，写作、演讲、示威。当她的想象力也还是个小小的胎儿时她便做出了决定。16 年过去，她履行了承诺，焕发着生命。很多的生命，包括她自己的。

我们说着自己的故事。其他女人也都在二十五六时有过非常接近的经历：两个月、八个月，抑或四五年，都不足以治愈创伤。然而我们每个人仍站在哀痛的门槛边，害怕跨进去。这就是我们聚集一处的原因。

莉姗娜让我们躺下。我们闭上眼，跟随她的导引，想象自己的身体与星辰相连接，一束强光灌顶而入，下穿颈肩而直抵手臂、背部及腹部。莉姗娜请每个女人想象自己的子宫，那是深藏体内直属于自己的所在。想象一下子宫的门户向外及向下，面对原初，面对大地本身而敞开。想象那门户呢喃着、散发着、言说着的声音，传入正聆听着的大地。

聆听。风飕飕掠行过晶灿的红岩峡谷。我们听见了低沉的哀鸣。抽泣。沉默。然后是啸叫。风的啸叫。女人身体的啸叫，嗓音的啸叫，发作，在高墙、彩窗和木地板间回荡，冲过走廊，冲出掩蔽的窗扉。长啸。再一声啸叫。再一声。接着还有。

随着阵阵声浪，我固守着的、挤占了其他东西的那些顽石，由悲恸、沉默及失却而硬化形成的顽石，松脱开来，随声浪的泡沫跳跃着飞出烛光圈之外，消逝在雨水洗涤过的夜空中。

在悲恸之下，一种奢望还深埋着，膝额相抵蜷曲着，呼吸着。20 年过去，它还在等。我还是想要一个孩子。

“我要你们想象有这么一道金光，”莉姗娜续道，“就在肚脐下。很强。很稳定。很耀眼。”

慢慢地，金光扩散开来，从腹部漫延至胸膛、躯体，注满了四肢，向上随一道光束逸出头颅，向下顺脊柱透进大地。我看见自己的身体点亮了，发着光，勃发着生机。

“这金光就是你们的养育力，”莉姗娜仍在继续，“你们的创造力，流溯回你们的身体，又散播到世界中。给自己点儿时间感受一下自身的创造力，展望一下你能如何循自己的抉择来挥洒属于你自己的生命力。”

在随后的静默中，莉姗娜分发给我们小一些的纸张，我们写下了展示自己创造力的意向。写完之后我们把自己的植物幼苗和纸片收集于一处，重新下楼来到门廊。我们在那里把纸片放进陶盆点燃了我们的意向，再把幼苗栽在上面。一圈人散了开来。

离开图书馆驱车返回水边住处时，还是静谧的夜晚10点。突然间，它们出现了：两只鹿，母亲和幼崽，正企图穿过公路。我立刻将车横在双向车道间，打开高亮双跳灯，检查好安全带，屏息等待着，直到两个方向的车都放缓速度并停下来，与鹿保持了一段距离。

母鹿警惕地吸了吸鼻子，然后便跳跃着穿过了公路。幼崽紧随其后，两条身影遁入海湾旁边的黑莓丛里，只留下丰盈的夜色仍闪烁金黄的光泽。

在伊娜娜赴会厄里斯齐格数日未归之后，她最亲密的朋友宁施波尔如约绕众神之舍击鼓而泣，却无人应声去趟底界之浑水。最终宁施波尔说服了恩基——水与智慧之神——遣两名凡尘之人作为信使下到底界。他们在那里找到了在痛苦中呻吟的厄里斯齐格。遵照恩基的指令，他们没有为她作任何补救；她的生活他们什么也改变不了。他们只是陪伴她一起哀痛。他们尽力去感同身受。他们施予同情。他们与她一起吟唱哀歌。

厄里斯齐格最终得到了聆听。同情使她回心转意，去领教痛苦，在其间煎熬并捱到尽头而走了出来。厄里斯齐格伤愈了。伊娜娜获得了重生。

可是若要从底界重返她的王国，伊娜娜还得找到一个替身。她的解决办法——遣丈夫杜莫斯和他的妹妹格施提娜娜轮番下界，每人半年——与珀尔塞福涅的故事相仿，后者在愈合割裂的两个世界时，也通过在底界与冥王待六个月，又和德墨忒耳共度光明的半载。

在这位女英雄的故事里，日光下的世界与地底世界是连通而相互依存的。女英雄的旅程反映了更替轮回的智慧，洞悉了痛苦与死亡，意义在于其恰是力量、勇气和生命的一部分。

斯蒂芬·莱文（Stephen Levine）在他的著作《活期一年》（*A Year to Live*）中教读者如何把本年当作命里最后一年来过。他对宽恕过失、学会放手、弥合旧创和表达感恩等等的探讨，都算得对一生的自觉回顾，如留意践行，则能使生命更加丰盈。人到了中年，也等到了机会可以清醒地老去，可以与无常为友，可以在现时此刻中彰显自己，因为这才是我们唯一真正拥有的生活。

假如我们尚流连于躯体的轻捷和心神的强志，莱文写道，那么衰老无异于失去。在《半途》(*The Middle Passage*)中，詹姆斯·霍利斯(James Hollis)所见略同："从成年的初期向前望去，人生的后半段就是一场缓慢的恐怖表演。我们失去朋友、伴侣、孩子、社会地位，然后是我们的生命。"芭芭拉·谢尔(Barbara Sher)的《再不动身就太晚了》(*It's Only Too Late If You Don't Start Now*)则换了一种方式，她激将道："既然明白活不过百岁，你打算怎么活？"

在我意识到的确终有一死时，为死而准备便成为终身大事。在一场论死与佛法的讨论会上，内观修习老师罗德尼·史密斯请学员写一写自己的生平回顾——用五句话。时值五月初一个阳光灿烂的周日下午，这在西雅图可不多见。至少有40人端坐于国会山教堂地下室里奋笔总结着自己的一生。显然在座没有小于35岁的；而没有参加这个书写活动的人大概以为——我便是如此——他们是被豁免而可长生不老的。众人或完成或放弃之后，罗德尼问我们，这就是你想要的人生么？这就是你想要被缅怀的方式么？你生命里什么才是重要的？

为了让我们对死有所认知，罗德尼讲述了他从事临终关怀的体验，这些都恰切地记载在他《受益于临终者》(*Lessons from the Dying*)一书中。他告诉我们："每每恐惧于死亡，都因觉时日无多。濒死之刻，时间汇集一处。面对死亡，意即放开对自我认同的眷顾。恐惧存在于对生的执念，而非对死本身的体验。"

为证明自己的观点，罗德尼请我们想象一下死亡。我们生命最后的五分钟。谁在陪伴我们？谁没有来？有什么没了结的事儿？而在知道生命所剩无几时，有什么感受？

正是傍晚时分、晚餐之后，金色的夕阳将沙漠照得通明。这回我要在夜晚徒步穿过沙漠，沿一条沙路，一边有高高的沙丘，小路则蜿蜒伸向另一边的山谷。好在小路已经得到了群山的遮蔽，而山谷的其余部分即便在黄昏也仍骄阳似火。

很快我走过了那尊眼镜蛇雕像，它盘踞在右侧的沙丘上，兜帽状颈颔部优美地打开着。我曾路经这眼镜蛇，很欣赏其作者：每片蛇鳞都熠熠发光，或是被沙蚀刻着。它爬到自己栖息地点的痕迹已然清晰可见，而雕塑家的足迹却已无处可寻。它纹丝不动，而尽管只是一尊雕像，我还是如先前一样，小心翼翼地走过。

走了没多远，便见第二条眼镜蛇，以同样的姿态盘踞在沙丘上，颌部同样那么张扬。上一次我还没走这么远。我无法预料会有什么情况发生。当眼镜蛇睁开眼、摇摆着身体并上下起伏时，我感到很惊恐。这可不是什么雕塑，而且它看见我了。

我扭头往回跑，正当我意识到第一条眼镜蛇也是活的时，我深陷在没膝的沙里，跑不了了。当我面朝前方，沙堆又化为一条路。

眼镜蛇就是向导。路径清晰可辨。

太平洋西北沿岸的夏至，白昼过了晚 10 点还绵延不绝。在最后几个时辰的日光里我又带爱犬出来在四周溜达了一圈，好让她善罢甘休。雨过天晴，而微风又吹散了遮月的云朵。"大红杉"和我往回走时，我听见了附近最高大的三角叶杨的动静。它们就在街对面同气连枝地生长着，摆动着银绿色的叶子相互交谈，可是我能听其声却不能会其意。我凑近了些，"大红杉"也跟过来。我在微风中躺在了人行道与马路间的草地上。天黑了下来，四周无人。"大红杉"起先有些烦躁，来回地在我和返家路之间探寻，直到她意识到我没准备挪动。然后她便在我身边躺下，我们一块儿聆听三角叶杨在夜色里呢喃着它们的故事。

没有人在家等待；也无须赶往什么地方。我们是自足的女性，"大红衫"和我，拖着中年动物的身躯，聆听着，此时在世上即是永恒一刻。

第五年　无常

我们在不同程度上、由于不同原因被连根拔起，但并非每个人都有所意识。随处都有的无归属感、边界文化以及非领地化已成为主流体验，而仅仅停留在花哨的学术理论层面上。

——吉列尔莫·戈麦斯-佩纳(Guillermo Gomez-Pena)

民不畏死，奈何以死惧之

——老子，《道德经》第 74 章

食物与居所

每年从四月到九月，来自贝灵翰姆和沃特科姆县有机农庄的业者一到周末便齐聚铁路大道旁的巨型停车场对公众直销。摊贩们站在蓝白条纹的凉棚下，用洁净的台布铺好桌子，将农产品码得整整齐齐以招徕顾客。碧绿的莴苣由红叶衬托着，花菜亮白得晃眼，西红柿通体玫红，而红、绿、黄三色的辣椒更显斑斓可人，一旁并排放的还有深绿的西兰花及殷红的甘蓝菜。有个摊位在兜售蜂产品，还有一处在展销榛子。到了夏末时节各色浆果挤满了案台——草莓、覆盆子、蓝莓、黑莓。附近还有花贩运来了当季鲜花：黄紫两色的鸢尾、挂着白铃铛的忍冬、同样雪白的满天星、紫色和粉色的香豌豆、芬芳的幽兰，以及绚蓝的绣球花。

散缀在农场主间的还有些个体工匠，产自他们作坊的手艺包括陶土器皿、耳环珠饰、儿童衣裤，将每个摊位都装点得十分亮丽。在一排摊位的尽头，“灰犬救援会”带来了志愿者解救下并准备妥善安置的狗。转到别处又见一大围栏的山羊，在旁边的案台上只需花 25 美分便可买一包饲料去喂食。羊圈主人快活地和孩子及父母攀谈着，他们头上的一块牌子写着“克什米尔山羊”。隔了几间帐篷，则有两个人满脸艳羡地看着同伴在享受五分钟的按摩，她的脸深埋在枕头及头靠的保护棉之中，身躯完全放松下来。集市的最后一排琳琅满目都是些美食和野餐摊位，迫不及待或饥不可耐者可以免费试尝希腊馅饼及希式沙拉、夹米饭和豆角的墨西哥玉米饼、肉桂拌核桃早餐卷、蔓越橘烤饼、咖啡及果汁。走到尽头只见一竖琴师及一吉他手已将椅子和乐器架等行头安放妥当，乘着树下的阴凉演奏起来，而一位独唱者更凑近了野餐桌正低吟浅唱着，伴奏用的吉他和班卓琴轮番上场。

人以食聚。家庭之间分享早餐；学生及同事午餐时碰碰头；朋友来了更是把酒言欢。我们借美食来表达美意。无论婚丧嫁娶，食物都是红白诸事中不可或缺的部分。我们相济以食，并以此满足我们对生命本身的饥求。

食物也是我们享用土地的方式：我们每餐都在消费着水、空气、土壤、种子，将土地的元素转变成我们自己的。我就是这位有机农庄主培植的西兰花的一部分，是养育了这绿色花朵儿的阳光、水及尘土的一部分。吃，便是圣餐变体（transubstantiation）的过程，是与土地的一种神圣约定：我们受着土地的供养，而终有一天我们的身体也要供养土地。然而在西北太平洋沿岸，这么一块农产丰饶的土地上，仍然有人在挨饿。

就在贝丽丝·费尔购物广场通向子午大街的出口处及5号州际公路在莱克威的南出口匝道旁，人们举着手写的标语牌，上书“无家可归的退伍老兵——请求救助——上帝保佑”或是“没有家也没有吃的——给个活儿管饭就成”。有一天我决定坐下来好好观察一番，远远地隔开距离，这样我既能看清又不会被发现。举牌的这些人同样看而不被看着。他们看汽车及司机停下来，后者却视若无睹继续向前。他们看开得飞快的车，以及为了转弯而不得不朝他们打量的司机。有时候，不是很频繁，会有车窗降下，伸出一只握着钱的手。有时还有交谈。我看着，直到再也看不下去，然而这些人还得继续站下去。

在观察了整个下午后，我把贝灵翰姆市内及周边所有的食物银行①、热食供应站及收容所列在一张单子上并复印了多份，备在手套箱里，同时还在车里收了好些单张钞票，供那些人购买自己中意的东西——啤酒、食物、香烟，自行决定需要什么。我觉得这些清单或是几张钞票不能解决什么大问题，只寄望于目睹之行为本身，于义举之能见，或可还举牌者甚至驾车者些许尊严。最使我自身人性受挫的是人们对举牌者熟视无睹。假如我对苦难的最好回应只是旁顾而言他，那么还有何值得自尊呢。

在每个工作日的6：20，我都先驱车去达摩堂，赶6：30的打坐。参加清早僧伽

① 食物银行，food bank，为穷人或无家可归者提供食物的救助站。

的有一位禅师，一位香巴拉静思组的修行者，及两位内观修习者——其修行时间长短不等。我顺冬青街穿过老城，途经“灯塔使命”救援站，这里总有一群人站在外面，风雨无阻。再开过两个街区便可见“就业帮扶办公室”，屋内的日光灯照亮了早已候在里边或在外面转悠的人群，他们手拿泡沫塑料杯喝着什么，等待着分派出去工作。

“灯塔使命”，“就业帮扶办”、达摩堂——我们是贝灵翰姆唯独在清早6点左右起床的人。这使我不禁寻思，此外我们还有什么共同点。

二月的一个周六下午，天朗气清，苍穹蔚蓝，西雅图市中心涌动着购物的人潮。尽管生活工作在不同城市，肖恩和我仍然有共度的时光，仍然是异地的伴侣。这个周末我们在选购手提电脑，比较着型号、价格等。我们在星巴克歇了歇脚，要了两杯拿铁(5.50美元)。手提电脑是必需品，肖恩建议道，因为我还在和我那台老掉牙的苹果 Powerbook 520 较劲儿，软件版本还是1987年的。新款手提速度更快，软件更新，能播放电影、音乐，甚至可以编辑视频。可是一台新电脑要花费2 500美元，而在这六个月的写作期间我是没有收入的；或许没有它我也能凑合。肖恩如今作为西雅图的居民，对我这么不情愿进入21世纪感到很是困惑。她的雇主准备给她添置一台袖珍电脑，比掌上电脑 Palm Pilot 还先进，她向我保证说。西雅图的一切都依赖着网络、电话和咖啡因。

我们去乐蓬马歇，相当于西北的代顿[①]，我在考虑买双新鞋，脚上的短靴已穿五年了。贝灵翰姆市中心那家个体修鞋铺里的两位老鞋匠跟我都混熟了。每年当我去取重新打了鞋跟的靴子时，我们都在一起哀叹那鞋底是没法整了(这年头鞋子都是胶粘的，而不是钉缝的)；我们又一起为新刷的黑亮亮的鞋帮而乐不可支。我不需要新鞋子。

肖恩和我结束了采购，乘扶梯到女盥洗室，我钟爱这里古意盎然的典雅风格。顾客们走进宽敞的休息厅，穿过洗手区——这里有椭圆形的洗手盆，墙面的镜子从水槽直上至天花板，且由灯光照得透亮——可继续向前到照明较为隐秘的卫生

① 乐蓬马歇(Bon Marche)和代顿(Dayton's)都是顶级百货商场，前者来自巴黎，后者总部在明尼阿波利斯。

间,此处高大的围挡和搁架将每间个性化装饰的厕位及洗手盆封闭起来。这便是我所期待的三合一式女子休息室,然而等候着我们的场景却令人始料未及。

休息厅的椅子和沙发上睡满了人。老妇人。戴假发套和帽子的妇人,穿旧大衣、背不伦不类的包的妇人,夹着报纸、一捆捆衣物及食物的妇人。老祖母们。

我机械地穿过休息厅,穿过明镜高悬的洗手区,用完厕所,洗了洗手。我竭力想弄明白刚才之所见。得做些什么,我下定决心。我们应该拿出所有原要花在手提电脑、鞋子、我不再想要或需要的衣服上的钱,以及花在那贵得离谱的咖啡上的钱。我们应该把钱全分好交给这些妇人。然后我们应该径直去市政厅,要求社会福利部门须提供食物和住所,以及在必要时提供从业培训,为所有 65 岁以上的妇女提供养老补助、电话以及她们所需要的一切。我往外走进休息厅,数了数她们有多少人,算了算该怎么分这笔钱。

十一个。十一个无家可归的女人睡在西雅图市中心乐蓬马歇的女盥洗室里。在二月里。

肖恩想要走了。她认为我的想法全是好意却无济于事。有太多的女人。有太大的问题。这如同向大峡谷投进自己的身体来堵塞裂隙。无论你拿出什么,即便是你的全部生命,也远远不够。问题永远不绝。

两年后肖恩加入联合国,参与协调在伊拉克、利比里亚以及之后在斯里兰卡的人道主义救援工作。我还记得那天她在西雅图的话:无论你拿出什么,即便是你的全部生命,也远远不够。苦难无休止。

那么,我们该如何担起责任?

在贝灵翰姆,假如你无家可归也食不果腹,那么你得踩准时辰且吃得飞快才能弄到热腾腾的饭食。在"灯塔",一周七天都有早中晚餐供应,每顿饭限时三十分钟。如果你有交通工具的话那还能有更多选择。在一位论派教堂开设的"枫巷客栈"(Maple Alley Inn),周三、周四可供应两小时的热午餐,而周二、周五去州街施粥场也能获同样的待遇。利用这些服务的大部分是男人,因为无家可归流浪于街巷的也多半是男人。

对于有能力自己开伙的,贝灵翰姆食物银行及救世军组织都会每周分发三、四次食物，每个家庭一次。沃特科姆县不止一家食物银行，有些是由基督教会运营的，其中一家位于卢米人的保留地。对于无家可归的妇女则有更多的社会服务机构，大多始于70年代，这要归功于反对家暴的女性运动。莉迪亚之家（Lydia Place）、“女性关爱”（WomenCare）、“圣爱小屋”（Agape House）、基督教女青年会（YWCA）、多萝西之家（Dorothy Place）都能为妇女和儿童提供暂住地、工作安置、财务咨询、衣着援助、社区联络以及食物。有些机构只服务于女性，有的面向女性及儿童，有的则专事于救助受家暴虐待的妇女。有的具备应急住宿条件，还有的能够提供时间更长的暂住，而这些地方总是人满为患。贝灵翰姆城市人口66 000，加上郊县也不足150 000，其家庭暴力发生率意味着每天夜晚寻求安全庇护的妇女和儿童数量总要超过福利机构的接纳能力。

我与促业会（Opportunity Council）、食物银行、职业与公正协会（Jobs with Justice），以及“枫巷客栈”的工作人员交谈，对无家可归者的境况渐有了认识。三个流浪汉中就有一个是老兵。其他还包括穷苦老人、难民或新移民、残障人士或刚刚离开医院、监狱等机构的人。他们或许是在情感、肉体或性的方面遭受虐待的青少年，有的因性取向而被父母排斥，有的则为逃避暴力或家人吸毒及酗酒问题而出走。他们因年龄小、无住址或缺乏经验而无法找到工作，转而从事贩毒、入店行窃、卖淫，且经常冒着患艾滋病或成为其病毒携带者的风险。

成年人受此问题困扰更大。四分之三的流浪汉年龄在35岁以上，其中不少是文盲。男人由于失业而流离失所甚而失联，如有滥用药物、罹患身体或精神疾病则更雪上加霜。女人通常带着孩子，身陷困境的日子也更长，她们往往会抓住一切救命稻草只为躲避街头更大的凶险。

半数以上的贫困家庭是由妇女支撑的。庇护所里百分之90以上的家庭也是以女性为主导。她们平均年龄在27岁左右，其中四分之三为有色人种。她们每年搬四次家，所得到的援助支持很有限。她们大多不足高中教育水平，有三分之二以上有抑郁倾向。

流动工人也属无家可归的人群。在这些劳工和供应食物的福利组织之间存在着十分突出的语言和文化障碍。他们对政府机构和信息网络系统心怀恐惧。农场雇工在淡季时节日子更不好过——没有工作，没有住房，没有收入。个人交通工具的匮乏及公共交通的不完善，还使生活和工作在乡下的流浪人口难以企及各种援助服务。

情况令人惊愕得无法思考。退伍军人管理局何以会辜负那些甘为国献身的人？子女何以不赡养老父老母，而父母又何以对孩子未尽保护职责？刑释人员和出院患者在哪儿可以继续得到依靠？为何沃特科姆县及华盛顿州的社会服务部门没能帮助移民和难民？为何这个国家的最低工资还不够劳工家庭的生活？

怀疑掩盖了恐惧。倘若流离失所和忍饥挨饿会发生于他人，那也就可能降临于我们。诚然无家可归算是个人问题，性格缺陷所致。假如观察这些个体，我们可能不太会重视将他们赶上大街的社会结构。我们可以佯装自己所拥有家园、工作绝非因为有什么偶然、继承或社会关系因素。我们坚持认为自己得到了应有的东西，我们只因付出而有回报。我们很乐意为退休、工伤人员提供社会保障，因为这些受益人挣得了自己的回报；为其他社会事业募捐只能靠宣传。我们在穷人中区分出配得援助和不配的，我们给“联合公益金”捐上十块二十块钱，在食物募集会上拿出一罐金枪鱼便不再多看一眼。

食物银行的一位志愿者克丽丝特尔介绍了在社区分发食物时的指导原则。如能证明在贝灵翰姆有住址——邮件、水电气账单、房租收据——这样的家庭就可每周领一份食品。就在这家食物银行的前台内，两名志愿者正在接受培训，学习如何用电脑和电子表格核对来客，并打出一张附有该家庭人口数量信息的纸条。克丽丝特尔没有用“受助者”(receipient)一词，而说的是“客户”(client)，于是我立即喜欢上了她。“客户”意味着选择的余地，用来描述通过合理约定换取服务的人群，表示其与志愿者之间的工作关系。我注意到薇拉、埃莉诺等更资深的志愿者像店员那样佩戴着名牌。我们做的一切，克丽丝特尔强调说，都需要为客户及所分配的食品保留一份尊敬。

接着她取了一箱食品放在桌上，新上岗的志愿者都围了过来。食物银行从超市、顾客募捐篮、个人及食物募集会那里接受捐赠，克丽丝特尔解释道。并非所有这些捐赠都能吃。倍感震惊的我回想起自己年初参加邮政工人发起的食物募集活动时的情形。我感到羞愧，我看见自己在橱柜里挑拣搁了数月的东西，是我购买的却是不爱吃的，以后也不会吃。就是这些个瓶瓶罐罐我送去给了邮政工人募集会。无人问津的食品。次品。

而它们出现在了这里。克丽丝特尔一样样拿出来：揉皱变形的盒装早餐麦片和面片，过期乃至胀气的蔬菜罐头，长虫的袋装米、面。克丽丝特尔以此为例向我们解释假如捐赠的食品在未经储藏室里分选的情况下该怎么处理。罐头在过期后仍可存放三到五年，但是若有生锈、凹痕或顶盖鼓胀的情况则必须丢弃。外包装盒如有褶皱还能接受，只要里面的食品还密封在内袋里即可。乳制品在过期七天后仍可发放，像酸奶、橙汁、白软干酪及酸奶油之类如无可见的霉斑则可存放更长。唯一须看重保质期的类别是供给最柔弱人群的：婴儿及老人。婴儿食品、配方奶粉以及安素营养粉，保质期一过便要扔掉。

接下来要进行一次测试。克丽丝特尔拿出一些食物样本，要我们决定可否分发给客户。这个罐头能吃吗？这盒麦片呢？这饮料可以喝么？我拿到的是一罐奶油玉米，罐顶已经生锈了，保质期居然已过了两年，真让我开了眼界。这不能分发出去。事实上原本就不该捐来。

正确，克丽丝特尔点点头。

在凉爽的夏季傍晚，当“大红杉”和我四处转悠时，我看见每家院子里的果树均结实累累。黑莓从那纠缠的枝条伸到了篱笆外边，遮盖了空地、朽坏的木质垃圾桶以及停放的和废弃的车辆。小白花已经开始飘落，我仔细观察着，同时收集果酱、果胶的瓶罐，只待其在夏末时节的成熟。我悄悄留神着各种果实生长。有几家人的苹果已经落下了，在树底散了一地。我拣了一只，记下树的地址，装衣袋里供日后察看。眼下还不到时辰，果子是苦的。各种莓类还比较硬，也不会轻易落下。我想象着寻到了最甜的苹果并来到主人家，主人说：“全拿去吧，我不吃。”

沃特科姆县有多少食物是浪费掉的？有多少过熟的果子掉落枝头而无人问津，有多少可资利用的食物倒掉让鸟儿、昆虫和动物分了一杯羹？有多少果子重回了大地？由费尔黑文学生组织的捡拾计划“果宝采集”/(Fruitful Gatherings)迄今已进行了数年，从果树、农庄收集不吃的果子，从食杂店和农产市场要来卖不掉的产品，并捐给庇护站和食物银行。这让我不禁纳闷，为什么种草坪而非庄稼，为什么要培育纯观赏性的植物还为其施肥，而我们身边还有人在忍饥挨饿。我想象着能住在这么一个地方，每个院子都种着既好看又好吃的东西，平日里随便走一走也吃饱了肚子，谁也不用操心没有饭吃。

贝灵翰姆的食物银行位于市中心以东工业区的一条不起眼街道上一个不起眼的地方。那年早春，我在一个周五的正午之后偶然开车经过，看见人们在库房外面排起了队。根据其场面我得出了两点。我觉得那是一家施粥场。我明白了我要去那里工作。

食物银行其实乏善可陈。前厅就是分发区，左边一整面墙都是面包搁架，银色的金属食品柜台一张接一张，拼成长长的L形，延伸至屋后及右边的墙。沿后墙摆放的是农产品货架；乳制品在最右边角落里，谷物和罐装食品堆放在右墙。每个摊位上都有一张小小的手写卡，插在塑料套里用胶纸贴在金属台上。卡片每周换一次，视所收食物的类别而定。卡片告诉志愿者们每类食品向每家派送多少罐或多少份。“商品食物”(Commodity foods)由联邦政府提供，按月向有地址证明同时也接受其他形式援助的家庭发放。“非商”(Noncommodities)即由社区通过食物募集会、超市、农场主、宗教或民间组织捐献而筹得的食物，街头所有的穷苦人都可以得到。尽管食物银行要求有地址证明、机构介绍信或其他形式的认证，但没有这些照样还是可以领取的，只不过配额要少一些。

第一个晚上培训我的志愿者薇拉身材娇小，年龄在六七十岁左右。薇拉每天都来上班，在食物送到时进行包装、分拣，或是在志愿人员短缺时负责分送食物。助理经理埃里克从我身边走过时拿薇拉的工作热情打趣道：

“我们准备把薇拉送到加利福尼亚去解决他们的能源危机，”他说。

薇拉打发走了他，继续教我如何整理罐头，把为每个家庭分送的配给都准备就位。今晚的商品食物受助者可以拿到六罐梨子、两罐青豆以及本站供给的桃子和玉米各一罐。薇拉将六罐梨按三、二、一的数量依次向上叠加成金字塔状，像是要布置商店橱窗似的。她的专业范儿十足：深蓝色涤纶宽松长裤和短衫、蓝白条纹衬衫、“薇拉”字样的塑料名卡、口红，以及堆在满是皱纹的脸上的笑容。像处理农副产品的志愿者一样，薇拉戴了食品级乳胶手套，尽管我们接触的只是罐头。任务快结束时我才明白为什么需要手套。我的手由于搬运了满是油腻、灰尘和污垢的罐头而变得肮脏不堪。不过薇拉的手套不仅是用来护手的。在这样的场合里，客户潜在的羞耻感和志愿者的判断力决定了薇拉的全副态度便是给予足够的尊严与尊重。她希望到这里来的人感觉到食物都是以清洁的方式递给自己的，无论是一听罐头或只是一根玉米。

打理农产品就没那么容易了。虽然苹果看起来总归还比较新鲜，但香蕉满是黑点，西红柿受挤压出现暗红色块，玉米也带着伤痕。每只箱子上有数字标记，告诉我们每种食品每家可以分得多少。面对这些一包包的莴苣、品脱装的牛奶、摞成堆的干酪，以及袋装大米和瓶装花生酱，我只能匆匆瞥一眼便要回到自己的工作台，与正忙着准备分发炖牛肉和土豆罐头的志愿者并肩作战。就要开门迎客了，这是我第一个晚上的志愿服务。

食物银行适用于那些已得到其他形式援助但到月底无论配给还是薪资都入不敷出的家庭。受助人群包括穷苦工人、流浪汉和失业者，其家庭规模从一人到十五人不等，但所得食物量却相差无几。就连算术能力有限的我也为这种显然缺乏逻辑的做法感到不满。我问克丽丝特尔，又问了薇拉，回答是一样的。食物银行仅仅起补充作用。社区内还有其他渠道供应食物。

"'灯塔'一日三餐都管，'枫巷客栈'有热午餐，'不要炸弹要食品'还招待户外餐，市区范围内另外还有不少服务呢，"克丽丝特尔宽慰我道，"在贝灵翰姆谁都不会挨饿，哪怕一天。"

为了证明这一点，克丽丝特尔给我看我的金属工作台下边的架子上存放的箱子。整箱的盒装、罐装带拎环的食品，贴着"免煮"标签。这些都作为"非商"食品送给无处煮食也没有开罐工具的人。我愣了好一会儿才能够想象这样的可能：没有开罐器。没有锅碗瓢盆。没有火炉、煤气或是电。没有冰箱。没有家。末了我看看克丽丝特尔，总结道，是给找不到地方吃东西的人吃的。

"我还在琢磨呢，"对此早已司空见惯的克丽丝特尔继续说，"怎么为我那些不吃肉甚至一点儿荤腥都不沾的素食主义客户服务呢。"她看着我来了兴趣。"你是素食的，"她眼神一亮。"也许你能给我们想出什么点子来。"

她放下食品箱匆匆回到电脑旁，志愿人员正在那儿接待晚上的第一批受助者。我脑海里掠过家里连篇累牍的素食烹饪书籍。关于食物的一些不假思索的想法，此刻已被丢进了垃圾堆里。

食物银行的受助者与我预想的大相径庭，而在接待他们的过程中我才明白就不应有什么预想。来的人男女都有，有的才二十出头，还有三十多、四十多、五十多的。有姐妹结伴而来，有全家倾巢出动：母亲带了两个七岁不到的女孩；异性核心家庭——穿黑披风、留小红辫儿的父亲、长着柔软金发不施粉黛的母亲、有一对酒窝和羞涩微笑的小男孩。有些单亲父亲也来，还有些女人握着证明称家里有四口或七口乃至九口人。一大群自行车爱好者也登门造访，用自行车头盔和驮篮装罐头。排队的当中还有一位视力受损的女人，由另一位穿着华贵、套着大手镯的女子搀扶着。另有一人是拄着手杖进来的。薇拉告诉我，有几个家庭来自乌克兰，我也渐渐熟悉了他们宽宽的脸颊和开朗的笑容，他们的口音及有限的英语。

薇拉熟识不少客户，他们打招呼时也叫得出她的名字。她微笑着和小宝宝说话，帮助那些妇女吃力地套上两层用过的塑料袋将食品装得更牢靠些。薇拉一反"要饭的不能挑拣"的老话，而是让客户感受到可以有所选择。"你最多可以拿六罐梨，"她对人丁不多的小家庭主妇说，"不过你不一定全要拿走，除非你想要。"

"我该咋办哩？"一位年轻的母亲面对薇拉搭的梨罐头金字塔束手无策。

薇拉教给她做梨子沙拉的简单食谱，后者咬着唇，点着头，然后展颜微笑拿走了四罐梨。薇拉是对的：这些人也可以有选择。他们有的对薇拉的建议点头称是，只从可供的六罐里取两三罐。有的拒收青豆。素食者和严格素食主义者在罐装炖牛肉的发放摊位前说明自己的立场，或请求用"非商"罐装三文鱼、贻贝、蛤蜊来换取蔬菜。我们在发放罐头上贴的标签有很大的通用性，或者就用超市的标签，或是鲜有人知的公司名。薇拉尽最大的努力来维护这种场面上的尊严感。饶是如此，这些食物仍然是挑剩、吃剩的，接近或已经过了保质期的，在某家的碗橱里无人理会，直至终于被捐掉。

但来食物银行的人对所有这些都弄得很明白了。只有少数人会问："该怎么办呢？"而作为最资深的一线志愿者，薇拉就解释：拿一包或一箱都可以，出示一下家庭人口数量的条子，挑选一些吧，也可以不要，想全要就都拿走也行的。

"你们是志愿者吧？"一个女人在装青豆、桃子和玉米时问我。我点点头。"我能帮做些什么？"她很坦然地问道。"你们在帮助我。我也能帮得上忙的。"我指了指克丽丝特尔，于是女人过去找她。

“我们给大家带了一样礼物!”一位高个子灰发男人走进来，一娇小女子陪在身边，两人都笑容可掬。她从一只皱皱的塑料袋里摸出两只35毫米的胶卷盒。“自己酿的蜜!”男人欢快地嚷嚷着。女人什么也没说只是笑。她顺着工作台走过来，于是我看见了她穿的印图案的袜子、涡纹印花短裙、条纹汗衫以及印图案的罩衫，似乎都是新穿上身没多久，像来参加聚会的客人。她微笑并点着头，把胶卷盒装的蜂蜜送给在场的每一位志愿者，与此同时她的伴侣收拾着他的梨子罐头，并向我们前面的志愿者大声解释着什么。

来食物银行的人不仅仅是受助者。他们在踏进这个圈子时便结成了一个共同体。我仿佛看见种植户正走在玉米田里，农场工人忙着栽培和收割，他们弯着腰，双手采摘着什么，并揩去汗水和污渍。我看见卡车及司机、罐头厂及厂里的工人、食杂店的店员以及顾客、社区里的捐赠者、客户、孩子们。

我父亲是在大萧条时期寄养在别人家里长大的，那时候每一个家庭都在苦苦挣扎着求生存。在“一战”中服役过的祖父中了美沙酮的毒瘾，而祖母逃离他的计划因第二个孩子——我父亲——的降生不得不搁浅。她把他生在了圣瑞吉斯酒店的电梯里。父亲的出生证起先只注其为“婴儿”，名字是后来写上去的。他的母亲与父亲离婚后改嫁了一个健康男人，并很快和这位继父有了一个女儿，而对母亲前一次婚姻里两个孩子的抚养就难以为继了。我从未见过父亲的姐姐毕耶特，她被送到了芝加哥的祖父母家。作为独子的父亲便辗转于多人篱下，不过倒一直在明尼阿波利斯附近，所以和母亲还是能见着。至少他是这样不怎么动容地讲述的。更多困扰父亲的似乎是明尼阿波利斯的严冬，那浸透了鞋子新贴的厚纸板的雪。他说了很多伯特夫妇的好话，这家人最终容留他并将他养大成人。我父亲不是那种絮叨于过去的人，而我也没有疑义地接受了他的说法。

对于美国乃至世界各地的许多家庭而言，大萧条从来就没有结束过。在沃特科姆县，仍然有儿童上学时饿着肚子，放学时不知道明天家会在哪里。仿佛身处时间隧道，我独自租住着四居室带卫生间的房子，而有些人全家只能挤在汽车旅馆的单间里，或是住车里，露营地里，收容所里。时至2001年，奥德赛们早已开辟了太空航线,雅皮士[1]不算稀罕,提供咖啡的户外用品连锁店 REI 也随处可见,可大萧条也并未匿迹,还是在这里,在同一座城市里。当我看见六岁的孩子也在施粥场和食物银行排队等吃的,我便看见了父亲,穿着过大的毛线衣,雪渗进了他的鞋子里,就像西北太平洋沿岸的雨。

在 I 大街"一位论派"教堂底层、猫咪诊所的后面,"枫巷客栈"在周三、周四的 11:30 至 1:30 供应热午餐。从教堂背后过一条单行街,有一个用泥土和碎石铺就的小型停车场,树木遮掩了其不少空间。路口有一个三合板标牌竖在教堂草坪上,告知大家"'枫巷客栈'营业中"。

我刚进来,在这里已做了 11 年协调主管的莉莲就警告我道,在这儿的体验可不比食物银行。

"很多来这里的人有精神疾病,"她说得很直率,"而对于一看就是酗酒成性的人,只要他们不打扰别的顾客,我们也是接待的。"莉莲根据我的志愿服务内容,领我进了毗连餐厅的库房,并压低了声音,"在这儿处理食品时我们要特别小心传染病菌,"她继续说,"送餐之前一定得洗手。然后端走盘子送给其他志愿者,问一下每一项的需要量是多少。一旦盘子交到顾客手上,你就不能再碰了。假如他们拿着盘子等第二轮过来,你就给他们添。这时你一定要注意配餐工具绝不能接触他们的盘子,哪怕就吃了一口。"

我遵命干起来,挑了一件苹果红的围裙,一边在背后系好一边随莉莲回到厨房。有四五个干劲十足的五六十岁大妈,正热火朝天地忙碌着:从烤炉里取出平底锅,伸手去拿公用勺,收拾木垫子并沿餐台摆放为端来的热餐碟做准备。萨莉、帕特、罗丝、萨拉——在相互介绍时均笑容可掬,但手里可并不闲着。我很期待加入这个积极热心的集体,她们都是些刚从家务中解脱出来的主妇,懂得怎么烧一顿热腾腾、皆大欢喜的饭。

"今天大伙儿都没急着赶过来,"莉莲说着指了指零星的几个人,他们坐在金属折叠椅上,靠着餐桌,桌上铺了红白方格塑料台布、中间则很齐整地摆放着鲜

---

① 雅皮士:the yuppie,指年轻专业人员和专业经理人员,多享优厚薪金。

花、水壶、纸巾以及胡椒盐罐。七张长方形大桌一字排开横跨了整个餐厅，反倒显得兴师动众了。只有六个老汉在坐等用餐，同时喝着纸杯装的咖啡。有个男的正在读一本平装本小说，还有一位面前铺着报纸。要不是这几位尊容不整，餐厅看起来倒更像民宿而不是什么施粥场。“上礼拜我们招待了 92 人，”莉莲说。“这礼拜有 50 人就算走运了。”

莉莲一边领我察看大厨房里的碗柜和衣柜，一边解释着该组织的运作机制。“‘枫巷’的蔬菜由‘乔氏花园’供应，是一家社区菜园，就在大学南边，还有些零打碎敲的则来自合作社。施粥场对食物银行贡献捐赠，食物银行再转赠给为无家可归的妇女及其孩子提供食宿的莉迪亚之家。

莉莲拿起搁在服务台前面的签到笔记板。“每个人都得签名，”莉莲解释说，“但不是非得留真名。什么名字都行。我们只是要统计人数。”纸张背面的表格上要求记录顾客的性别、种族、年龄，以及是否常客或新客。“我们凭数据要补助，”莉莲耸耸肩说。

今天这顿饭需要四个人端餐，还有两人在餐厅内另设的甜点饮料台前提供服务。莉莲把我带给萨莉，一位年近六旬而风韵不减的女士，齐肩金发整洁地卷曲着。她涂着亮闪闪的珊瑚红唇膏，佩戴大号金耳环，穿白褐双色便装，这番打扮很适合去逛乐蓬马歇，而她却在这里端送烤土豆配猪肉叉烧。

“一定要先询问一下顾客，”莉莲告诫道。“这儿有些人是吃素的，什么都能吃，唯独猪肉不能。”

接下来是要给每份餐配切达干酪、酸奶油以及自制的萨尔萨辣酱。“你觉得能做到吗?”莉莲很认真地问我。“不容易的。你得端着餐盘的同时把这些辅料配在叉烧土豆上。”

我向她保证能完成任务。

“那就再把餐盘传给帕特，”莉莲说，帕特是个模样快活的女人，正在厨房对面朝我招手，“她负责上胡萝卜和玉米。”莉莲的声音又低下去。“来这儿的人不少是牙齿有问题的，”她继续说道。“他们不能嚼。所以我们把胡萝卜煮得很烂，而且要把玉米从棒子上剥下来再煮，这样他们才可以吃。”

另一个女人在帕特之后供应水果沙拉、蔬菜沙拉以及面包。“现在来说面包,"莉莲边解释边拉我到厨房后面,"我们供应的面包从不带硬壳儿,也是因为有些人咬不动,我们还总是事先给他们抹好黄油。"她顿了顿。"有的顾客不太节制的。我刚来时,就这么把黄油放在外面。有位仁兄在一片面包上抹了四分之一磅的黄油!总嫌不够,"她说。"我们去烘焙间看看。"

我顺着进门的走道跟莉莲往里,进了左手一间边屋。"这房间我一直是上锁的,"莉莲边带我参观边讲述操作事宜。"我在这里储存冷冻食品——肉类、蔬菜等等。你知道,有时候我们拿到一笔拨款得立即用掉,但时间上来不及,于是我就采购了食物冷冻起来。可是有一天,我发现一些人拎了一整幅牛肉片从这儿走出来,"莉莲说,当初的惊愕此刻还留存在她的嗓音里。"他们已经用过了餐,还要拿着冷冻的。于是现在我就锁了屋子,"她最后说。

接下来该上餐了,要供应两小时。起初来客众多,人头攒动没有间断,这情形要持续半小时。之后便是一波波地到来,三五成群,显然是下了工结伴抽空过来的。还有一些四五十岁的妇女。一个年轻的家庭,爸爸妈妈带着儿子。另有一对60多岁的妇人。

来客似乎都熟门熟路。餐盘不转到服务流水线的最后谁都不会去拿。莉莲没有宣布可以添菜了谁也不会上去,而食客确实可以回来添菜时,他们都递出了自己的盘子,显然在我来之前早已训练有素了。

我尽力专注于送上干酪、酸奶油和萨尔萨辣酱而不去打量这些顾客,然而有几位想不注意都难。瞧这是马修,随身带了竞选徽章和政治标语。当萨莉问他该投谁的票时,他问了她的居住地便一清二楚了:她的选区、地区代码、候选人及其不同政见。

马修之后是一位灰发男子,胡须浓密,穿一件脏兮兮的蓝外套,伛偻着肩。当我说要不要来点儿萨尔萨时,他一句甜美如蜜的"好的,劳驾了"吓了我一跳。我微笑着看着他淡蓝色的眸子,认出来他就是读平装本小说的那位,步入晚年还不肯离开大学城的老嬉皮士。

这些无家可归者出乎我的预料。

一大个儿男人转回来准备添菜,急切地伸出了他的餐盘,第二轮添菜时的分量要少一些。"您要干酪、酸奶油,还是萨尔萨,还是三样都要?"我礼貌地问。

“哦，是的，”他答道。“你有多少我要多少。我很饿，”他语气很重。

许多食客离开时都对服务他们的人表示了感谢。有个男的告诉我们他一个上午都在和校方磨嘴皮子，好让女儿参加“启智计划”[①]。显然他对自己的努力和自己的女儿颇感骄傲。他希望我们知道在这里消费的东西是物有所值的。似乎他很需要证明自己没有吃白食。

他该不该吃？

我们呢？

很多年里，我对于社会与环境正义的努力都诉诸直接抗议行动：占街、拉横幅、游行和集会、演讲和采访、社区教育及草根影片制作，终极目标就是要将地方选举政治与社区行动主义联系起来。对于现有的腐朽的政治经济体系，我要的是规模宏大的变革，而不是修修补补以让它苟延残喘下去。为饥饿的人递送食物似乎不是什么宏大变革——直到真正着手去做了我才改变了看法。

在佛教和天主教信徒中间都流传着这么一个故事：一拨人到河边饮水，发现有人顺流而下行将溺亡。岸上的人们赶紧组织起来把溺水者拉上来让他们躺在草地上，想办法使其复苏。可是溺水者源源不断地漂来。营救人员中有几个人决定组成搜寻小队，徒步到上游看看究竟怎么回事，希望能发现到底是什么把人抛进了河里并加以制止。与此同时，溺水的人还在漂往下游，营救队的另一半还在后面奋力救人。

社会变革就是这么一种双手齐抓的工作。一只手高举行动主义大旗，另一只手则伸展出去做好社会服务工作。

我在探寻父亲童年的细节内容时，曾走访过明尼阿波利斯学区中心办公室，想调看他在30年代时的学校记录。它们还都保存在微缩胶片上，工作人员在档案室里查找了一会儿，便拿了三卷灰黄色的微缩胶片回来给我，内容包括了小学的报告单和成绩册，以及初高中的评价手册。父亲在幼儿园阶段上的是爱默生学

① “启智计划”：(the Head Start Program)美国政府为低收入家庭儿童设立的项目，提供早期幼儿教育、健康、营养等援助。

堂,一二年级在洛厄尔小学,四年级到了劳瑞小学,之后又转回洛厄尔;六年级去了汉密尔顿,但七年级是在菲利普斯。九年级就读于杰弗逊,十年级在"中央",十一年级出现在了"北方"。此刻的我不禁站在未来呐喊着"加油好小子",天哪,他能于 1940 年 6 月从"中央高级中学"毕业,算得上奇迹了。

他的地址随学校而变迁——詹姆斯大街、第五大街、富兰克林、尼科莱、第二南大街——而他的成绩也因此而起伏。刚上小学时还都是 A 和 B,出勤率分别为每学年 86、88、89 天。到了八、九年级,住址的辗转对他的教育影响不小。语文和文学开始有了 C,数学、社会研究和打字有了 D,出勤率降至 60 天。到十一年级又有了风波,家庭记录里出现了一次"神经紊乱"。他被从"中央"转到了"北方高中",物理挂科,会记和最喜欢的语文也只得了 D。年中又转回"中央",期末语文考了 A,公共演说和社会研究拿了 B,且因在合唱团的表现还得到加分。到了十二年级,他除正常课程外还选修了高级写作以及戏剧制作。什么情况?是住址吧。住址不再变动了。他和伯特家住一块儿,厄普顿北大街 4247 号。

孩子们随父母来食物银行时,我也思忖着他们的地址。低收入及暂无居所的家庭一年要搬迁二、三、四次。搬迁每每意味着转学,于是孩子们失去了朋友、最喜欢的老师、同龄群体,还有已习惯了的常规。他们同时也失落于课本之中。测试报告表明这些学生"有学习障碍"、"发育受损"、"多动"、"成绩后进"。但是这些测试在考量学习时,并没有考量如何在学期中去学习新同学的新名字,学习新制度和新常规,学习在新课本上到一半时如何能跟得上而且要得到一样好的分数。测试也没有考量早餐能够得到与否。

很清楚,社会服务工作需要有人干;人们需要吃到东西。然而每个礼拜在施粥场和食物银行,我们供应的是一大批同样的人。我们的服务并无让他们的处境有所起色。于是我开始想,教育没能够企及社会边缘地带的学生,他们最需要学习文化并有一技之长。我开始考虑能更多发挥自己才干的路径,并为他人培养生存技能。我开始考虑去那个上游看看了。

九月的一个周三晚上,沃特科姆文化委员会在贝灵翰姆技术学院举办开放日活动。来了 50 个成年人,年纪从 20 到 80 不等。他们有志于一对一地义务教授英语、读写等课程，为期一年，每周两晚，而所教学生是未曾谋面的。

需求者之众令人惊讶。在美国五个成人中就有一个功能性文盲，分摊到沃特科姆县一地便有 30 000 人。2000 年，沃特科姆县文委会的志愿者为 382 名学生讲习——78 个基本识字，304 个将英语作为外语来学习。仅在沃特科姆县，文委会便服务于来自 31 个国家的学生，不过其中大多为前苏联国家、墨西哥及越南人。教育与贫困之间的关联显而易见：在缺乏直接谋生手段或文化技能的情形下，即便吃苦耐劳的乌克兰人也需要食品补助。教育是工作机会的关键。志愿者向我们讲述得更详细：四个领救济粮票的有三个是没文化的，文盲家庭里的孩子常常也文化水平低下。在监狱里这个比例更高：70%的成年人和 85%的青少年为功能性文盲。据在“美国第二丰收组织”(America's Second Harvest)致力于赈饥的工作人员介绍，领取食物的人只有 36%有中学文凭或通过了 GED[①] 考试；另有 40%的人没有完成中学学业。为什么？

麦克·罗斯(Mike Rose)在其写“失意者”的书《边界地带的生活》(*Lives on the Boundary*)中，描述了美国教育制度——而非学生——的失误：未能给白人中产阶级主流生活之外的学生提供良好教育。教育与文化之间存在着千丝万缕的联系，而罗斯指出教师对这些联系往往视而不见，主要是因为教师本身来自中产阶级。教师只懂得根据学生学习某门课程的能力来将其分为三六九等，却很少去研究“不及格”的试卷，而那里埋藏着丰富的线索，可以揭示“考不到的知识、无效的规则以及具有自身内在逻辑的策略。”罗斯追随约翰·杜威(John Dewey)、保罗·弗莱雷(Paolo Freire)、艾拉·苏尔(Ira Schor)、伊利娅·普利格尼(Ilya Prigonine)等教育家，相信如果我们民族对民主的历史性信仰要成为现实，教育就应该服务于边缘化人群。然而教育体制并不是在经济和政治的真空中运行的。最终罗斯也只得挣扎于“对个体潜能的褒扬与对环境的决定性力量的绝望之间”，并承认教育“正担负着我们的政治和经济所没能履行的职责：缩小成绩差别、填补我们之间的鸿沟，并把我们团结在一起。”

---

① GED：(美国)普通同等学历证书(General Equivalency Diploma)。

我在“雨伞节”(Bumbershoot)——西雅图年度音乐艺术节，于劳工节的周末在“太空针塔”举行[①]——遇见了安尼特拉·弗里曼。安尼特拉是《真实的变化》(*Real Change*)的特约撰稿人，这家报社位于普吉特海湾[②]，为无家可归者所创办，也为之报道，为之说话。安尼特拉与我攀谈起写作时，我正在出版商展览馆读她的宣传海报。她向我介绍她的“街头书写”计划，准备向无家可归的人讲授诗歌和创作，她还动员我去看看她的网页。流浪汉还能写诗、组织在线课堂、出版报纸，流浪汉争取回了文字权，能够道出自己的遭遇，用自己的视角书写——这一想法震撼了我。这便是贝灵翰姆所需要的，我告诉她，同时向她描述了我在食物银行和施粥场的工作。安尼特拉也很受鼓舞，她给我看了过去五年“流浪女论坛”写作与艺术创造的出版刊物。

怦然心动。

完全可以有别样的教学方式，别样的组织架构——为劳工阶层、第一代移民及农村学生服务。我买了一本安尼特拉的期刊并开始了筹划。

佛家宇宙观中包含了多重地狱界——烈焰焚肉、冰冻彻骨、咬噬穿体，总之酷刑无数，身心俱裂。在饿鬼界，悲惨的魂灵们长着细如笔杆的脖子，空有大腹却无食可裹，永受饥馑的折磨。饿鬼们气若游丝，无时不渴望而无时不饥肠辘辘：身处堆满山珍海味的宴桌旁却吃不到一口，因为给他们的勺子长得离谱。

伯尼·格拉斯曼(Bernie Glassman)曾在扬克斯[③]帮助无家可归者，并从中认识到，饿鬼的煎熬其实是我们每个人此时此刻都经受过的。“我目睹很多很多人在渴求食物，尽管我们社会里的食物足够喂饱所有人，”格拉斯曼写道。“我目睹有些人在渴求权力，尽管他们根本不愁吃穿。我目睹我们有些人渴求赏识或名利。其他人却渴求着爱。”面对饥者如此之众，格拉斯曼创立了“劝和禅修会”(the Zen Peacemaker Order)，并向观音菩萨起誓，决计投身于“为八方饿鬼供至上之

① “太空针塔”：the Space Needle，西雅图著名建筑。

② 普吉特海湾：Puget Sound，在美太平洋西北区。

③ 扬克斯：Yonkers，在纽约市郊。

餐”。

格拉斯曼在他的著作《厨师指南》(*Instructions to the Cook*)中描述了一幅古代禅宗卷轴,画中描绘了天堂与地狱的景象。两界之中均有饿鬼坐于同样丰盛的餐桌,拿着同样超长的勺子,只是在天堂他们是用长勺相互喂食的。

“让无家者有归宿,并不意味着去救治困顿的人,”安尼特拉在其网页上解释说。“而意味着去救治困顿的体制”。

她列数了种种我渐已耳熟能详的情况——家暴、酗酒、毒瘾、精神疾病、糟糕的工作习惯、缺乏社交能力、缺乏教育——但这些都不是问题根源。“也有问题缠身的人尚能找到栖息之地,”安尼特拉写道。“没有哪个仅因为这些问题就去流浪。流浪的人是因为他们没有经济资源来解决问题。”

安尼特拉的解释掷地有声。将低收入工作和节节攀升的居住成本结合起来,立刻就能产生问题,且亲友的支持也是杯水车薪。这是制造无家可归的速成配方。

任何人都可能。就说一个中产阶级吧,有一份不错的工作,同时也有些过度消费的信用卡债务。假设他忘了付车险,而是买了部手机或滑雪板什么的。那么他流浪街头可以以一次车祸引发,一场官司或人身伤害就能让他丢了饭碗,失去职业,失去人际关系,失去家。

这是流浪汉不受居家者待见的原因之一。并不是因为我们之间有天壤之别。食物银行的金属工作台、“枫巷客栈”的厨房柜台、从我们的汽车到人行道边的距离——都不算很远。我们总是硬要分出个区别来。那不是我。这种事不可能出在我身上。他肯定做错了什么,某种判断失误,有人格缺陷。她一定是个傻瓜。他们准是努力得不够。

不应该臆断无家者无能,阿尼特拉提示道,何不想想,是什么阻碍了他们发挥内在能力?大多数人都清楚自己需要什么来达成事业繁荣,他们只是需要某种帮助来祛除前进道路上的障碍。保证人们基本的生存要素诚然重要——“因为只有死人才不打算继续生活下去,”阿尼特拉不无挖苦地说——单为他们提供这些基本保障,只是在“扶贫,而非脱贫”。锁定最常见的脱贫障碍,意味着在四个关键领域做工作：对家庭暴力的干预；普及健康保健，包括对精神疾病和毒瘾的治疗；实实在在的上岗培训，那种能让人挣得工资保证基本生活的；以及教育。教育就是力量。

这只是个开端。尚有持续不懈的需求，希冀实现更有革命性的目标：更公平的经济体制，无论国内还是国外。一种生态化的和经济性的民主。最为紧要的，是让个人主义寿终正寝，别以为真有什么人能够不顾饥民与流浪汉而飞黄腾达。

·

"这是佛家的说教，没人爱听，"阿加尼亚·杰夫坐在达摩堂低矮的讲台上乐呵呵地说。"这些年佛教可是个时髦玩意儿，可人们听了关于苦痛和相依为命这些宣讲时就没了兴致。相互依存确实不错，可你要明白它还包括'相依为食'的意思，"阿加尼亚·杰夫续道，同时整了整黄褐色的僧袍并端详着在座的每一位。"我们真真实实地——在经济上、心理上、能量上、精神上、物质上——相互供给。相互吃。这其中苦难重重，"这位僧人承认，"也不乏万千慈悲。"

"瞧那些梨子！"露丝正从农产品发送端的箱子里拿出一只黄绿色的亚洲梨。"普通人家院子里捡拾的，我敢肯定，"她补充说。

捡拾。在贝灵翰姆各地，果实都在掉落，落在卵石路和草地上，从灌木丛及枝头掉落，既有成熟醇美的，也有快要腐烂的。苹果和梨子，浆果和李子。捡拾，即收集多余的果子、熟透的果子、挑拣的果子。谁也不需要的果子，谁都不要。而捡拾却能喂饱我们所有人。

在食物银行和施粥场，我们什么人都不是，又可以是任何人。我们这些躯体在饥饿着、劳动着、创造着。我们在烹煮、端餐，相依为食。

舞 蹈

位于布劳德尔-多诺万公园的沃特科姆湖西北岸，曾是木材加工厂吞噬森林之处，如今每逢冬至，一项历史悠久、颂扬植根土地(earth-based)精神灵性的庆祝活动都会在这里举行。人们聚拢来以舞蹈为仪式，庆贺白昼不再缩短，希望与光明初露端倪。冬至舞汇集了近200人，且只是通过口头传告的。每年我在其他场合——教室、教职会议、市政厅的听众区、达摩堂的坐席、激进分子的集会——认识的人，也能在这里见到。他们来到这座亮堂的体育馆，脱了鞋，牵手围着司仪——莱斯利和肯尼斯，仪式便是他们引导的。

冬至"宏舞"发轫于20世纪70年代，由舞编德博拉·海倡导，如今已传遍国内大大小小还敬重着土地的社群。每个群体都自创音乐和动作，但该仪式的三段结构都如出一辙：以"七次放弃"起始，接着进入太阳回归之梦，再绕回表现重生的治愈之舞。

仪式开始前数小时莱斯利便到了社区中心，熏香净气并朝四方祷告，然后与其他领舞者将仪式完整演绎一遍，这样他们便成为舞蹈的具体化身。在社群成员齐聚牵手、典仪正式开始时，莱斯利再次向四方祈祷，以汇聚所有人的能量与意愿。一位神情肃穆、扮成小丑的舞者在圈子中间走动，向空中和人群喷洒香水。接下来肯尼斯和莱斯利指示我们走"七弃"舞步，同时有佩金色腰带的志愿者趋步向前演示每个舞步，并在整个舞蹈中作为领舞者。

若想进入完全的重生境地，我们必须首先放弃阻挠我们行进的一切。

仪式开始，外圈的人向前一步，从身后牵住相邻之人的手，走出了第一弃：身外之物。他们移步、停步，并深鞠躬。随着每个人反复着这个动作，其他人也走进圈内加入进来，于是圈子越来越小，越来越紧密，直到圈内舞者走到了剩余人攥紧的手下面，最终只留了四个，然后是三个、两个，现在这座大型健身馆里所有的人都在移步，停步、深深鞠躬。我们以身体表现着对身外之物的放弃，放弃了想成就、成功、表现、生产的一切需求。

领舞者率先进入下一段，慢慢地，人们留意、揣摩着他们的动作，同时做好了准备。在做第二弃时，我们挪着步伐，肩膀挣脱了一副假想的枷锁，摘掉脸上的面具丢在一边，同时拍手呐喊"嗬！"，驱除旧的自我形象。我们转身、再挪步，重复着弃绝自我形象的动作，此刻越来越多的人加入到这解脱之舞中来。到了第三弃，我们俯身找寻将我们与世界隔开的帷幕，掀开这头上的帷幕并使其彻底松脱。我们流转起舞，重复着舞步，抛开了隔绝自我的念想。

我们继续迈动步履，面朝南或朝北，侧向伸展开一条胳膊并用力摇晃，无言地倾诉着个人的故事直到精疲力竭（这要持续好一会儿）。接着我们双臂交叉抱肩，寻求自我安慰。然后掌心向外，以分享其他人的怜惜。我们继续倾诉、宣泄，反复多次，由此演绎第四弃，放开了个人遭遇。

跳至第五弃，我们抛掉僵硬的思想、刻板的信念和主张以及唯有自己正确的想法。我们抖动身躯、挥舞手臂、扑打双腿，于是所有的刻板便应声而解。

第六弃教我们弃痛投明。在此处的舞蹈动作中，我们发现了象征光明的缎带，而这光恰发自需要医治的身体某处。我们在房间里转着圈，意即循着光明踏上旅程，直至光明裹挟着我们到达安定之处才得以散去。

在第七阶段，我们舍弃了这样的执念，即人类占有着道德高地，与动物及其余的自然界都相分离。我们倒在地板上伸开四肢。当我们所有人都抛弃了这些形形色色的分离之时，我们的相互依存也完满地达成了，正如莎乐美的"七层面纱之舞"抑或伊娜娜下穿七道门的典仪。通过舞蹈人们结成了典仪共同体。

我的案台上放着一尊纳塔迦湿婆，或舞之湿婆，表现的是印度教的毁灭之神、四臂湿婆，在烈焰之圈内起舞。湿婆之舞即为宇宙中创造、保存、毁灭的大化流行。此舞并非一次了结，并非始于某神话的开端而止于未来的某一天，而是正持续不断地发生在眼前。湿婆舞动之飞快，从其亮闪且四处飞扬的头发便能看出来。他四条胳膊的运动永不停息，只有在这“舞之湿婆”的雕像中才能定格下来。这是一件九、十世纪南印度朱罗王朝的作品。湿婆的右上手持一只两面鼓，代表创造的脉动。左上手举着毁灭与涤罪之火把。湿婆的左下手朝外，示意“有出路”，因为湿婆的创造之舞被一圈烈焰所围，象征轮回：再生、老去、患病、死亡。湿婆的右下手是竖直的，掌心向外，表示对“无惧”的存有。舞之湿婆的背上有个小侏儒，象征着虚妄，后者要阻止我们体认这一连接了生命的全部的舞蹈。看穿这种隔离的虚妄便是“出路”，我们也因此无所畏惧。

湿婆之舞的其他方面表明他还有着更古老的关联。湿婆佩戴着蛇，意即对自然力的掌控。额头的第三只眼及纠结的头发顶端的一轮新月，都彰显着启明和洞察。当作冠冕来佩戴的头盖骨代表湿婆对死亡的征服。手臂、头发、烈焰之围、抬起的脚，均象征了湿婆之舞的迅疾。然而促使我去找寻他背后的女人的，是他那令人惊讶的女性特征。

于是我发现了卡莉，长着四手臂的创造、保护及毁灭之女神。通常在绘画里，卡莉并非藏身湿婆之后，而是栖身其之上。她用两只右手做出“无惧”的姿态，并奉上祝福，象征着她的创造力量。她的左手则提着鲜血淋漓的剑及砍下的头，象征摧毁了无知，以及对知识的领悟。她戴着用骷髅头串起的项链以及用死人手骨编的腰带。她舌头外伸，双眸殷红，面颊及乳上都涂着血。卡莉代表了掌管永不止歇的创造的生死母神。她的头骨项链昭示着知识与智慧；她的手骨腰带则意味着因果报应的断离。她用耷下的鲜红舌头吃所有的东西，享用着世间所有的滋味。

卡莉与湿婆的狂舞是威胁毁灭世界的舞，而我们也应邀其中。我们会扮演何种角色？

肖恩和我还在企图逃避卡莉之舞，于是趁一个八月的周末去戈登谷附近的哥伦比亚河北岸野营。我们在薄暮中徜徉于高大的立石围出的两个同心圆间，中心为一厚重的桌形圣坛。周日晚间回到西雅图时，我们听到一条肖恩父亲的电话留言。周五晚上，就在我们从萨姆山巨石阵遗迹看夕阳、还企图逃脱我们之间那种消散一切的力道时，我们的嫂子米西，发作了严重的哮喘。救护车赶到之前她已停止了呼吸。米西躺卧在医院特护病房里,跨过了生死之河,时年 39 岁。

肖恩父母的留言,她哥哥马克木然的讲述。肖恩和我从这么几个简短的电话内容中得悉了米西的情况。然后我们又过了一遍,将噩耗再说一番,似乎认定了中间有差错。其细节变得那么直切而又平凡,似乎我们都成为目击者,眼睁睁地看着而无能为力。

星期五当天,米西到航空公司上班。她去教堂为一场葬礼领唱。她给肖恩寄出了生日礼物,之后便与几个同事会面、小酌。她回家为马克以及孩子索尼娅和戴夫做晚饭。寻常的一天。

傍晚时分,马克、米西、朋友凯伦在家看电视;孩子们在各自房间里读书。米西起身去洗手间,回来时说呼吸困难。马克提议用一下儿子的呼吸器,但米西已经在用了。她的呼吸越来越急促。马克和米西明白哮喘是由米西的家族遗传而来,母子俩都患此疾。他们明白不能等了。马克迅速行动,请凯伦照看孩子,自己驱车带米西去医院。

我们都在客厅里,叫他赶紧走。去。现在就去。

可是还在往外走的路上,在车里,米西的病就已经恶化了。马克意识到如果他现在开车就无法帮助她呼吸。他大喊凯伦去打 911,并将米西拖出车外,在温暖的夏夜里等待救护车。他告诉她,急救人员已经上路了。而她已经难以呼吸。在气喘的间歇米西说着什么。她喘着气告诉马克,对于生活,他给她的,她多么感激,她多么地,爱他们,所有人。

接着她停止了呼吸。

急救人员还在路上。马克对她进行人工呼吸,直到救护车赶到。在去医院的路上护理员继续在车里抢救,同时一位邻居开车送马克过去,凯伦则和孩子们留在家。可是护理员无法将氧气输入米西的肺部。支气管已经收缩。帮助她打开肺部的药必须被吸入,而救护车里没有注射用药。

到达医院时,米西大脑缺氧已逾十分钟。她的身体在临床上已属死亡。

他们努力要让她复苏。他们为她输氧。

米西没有醒来。

肖恩父母在明尼阿波利斯机场接到了我们,尽管夜深,我们还是直接去了医院。米西的情况朝坏的方向发展,医生告诉我们。星期六的第一次脑电图表明,大脑活动状况“极为糟糕”,医生说,而随后的48小时也毫无改善。此刻米西的身体开始发难,体温升高了五度(华氏);血压骤增;生命体征开始衰退。

特护病房外的等候室里,肖恩拥抱着哥哥马克和弟弟托德。马克神色疲惫不堪。他告诉我们,即使这个时候我们也可以进去看看米西。漆布地面;长长的过道;把守特护病房的转门;装点着了无生气的气球和花的护士站——这些都显得那么不真实。这种事情不可能发生。我们在一起过节、过生日、度假,可我们没有与死亡接触的经历。就在那里。那个字眼儿出现了。死亡现身了,走进了我们的家庭,而她还是一个39岁的女子,16年的妻子,两个孩子的母亲。她在教堂里歌唱、给蛋糕裱花、在自己的“半老派对”上,在花团锦簇中翩翩起舞。这可与死无涉。这不是任何人所期待的。

可是她就在这里。我们进了米西的房间,我一时间竟看不见她。这儿只有白色的布、银色的金属、塑料管、胶布、脉动的仪表以及闪烁的指示灯。床四周放着马克和米西上月去旧金山旅行的照片:马克和米西在金门桥,马克和米西在与朋友度假;还有孩子们玩耍时的照片,而在病床底部用胶布捆住的是一张放大照:与真实尺寸一致的她的双脚,后面是泳池,摄于他们的希腊之旅。一只便携音箱播放着米西最喜欢的器乐。爱与渴求的记号随处可见,然而自周五晚米西就再没睁开眼睛。

米西躺在这样一张病床上,含着塑料管的舌头显得肥厚肿胀,脑后的头发缠结而油腻,看起来一点儿也不像她自己。只有指甲还是精心打磨的,手指和脚趾都挺不错,而其余纤尘不染的自我形象已被抹去了。她不会乐意以此示人的。肖恩和我握起她的手,唤她的名字,告诉她我们来了,可心里已不再期待回应。得到马克允许后,我解下珍珠耳坠,给米西戴上。徒劳之举,却也让马克和我略略会心了些。米西是爱美的。

回到等候室,马克告诉我们,他已决定第二天撤掉米西的生命支持设备。她一向坚持自己不想这样耽留。他对我们说,假如她醒了,脑缺氧十分钟造成的后果是“她就不再是米西了。”我感到很疑惑。马克觉得“米西不再是米西了”,又认定“该让她走了”,他怎么能存有如此相悖的想法呢?米西的自我,是否即等同于大脑功能？米西的记忆是否已被抹去？她的言语模式？她的好恶、思维习惯、观点及信仰？她的身体还在病床上继续存活、运转着，虽然状况很差；那么她的心灵比之肉体，对于自我而言是否更有本质意义？要是米西次日从昏迷中醒来，不再给蛋糕裱花，不再去跳舞，不再在复活节欢饮了呢？假如她醒来，失去了原先的嗓音，不再能为每周弥撒合唱团领唱，那么她还是米西么？假如她醒来是成为路德教信徒而不再皈依天主教？

假如不复醒来，那么她还是米西么？我们如何能知道真正的米西已经逝去，这样放弃她的躯体也不算伤天害理，不算弥天大罪？

马克知道。神父也知道。

第二天，圣母升天节，15 位亲友聚在米西病床边。护士洗了米西的头发，重新整理了床单，翻松了枕头，使她看起来整洁干净。病房因布满了生命支持设备而显得拥挤。此时护士移除了米西的呼吸管和静脉注射针。接着神父读了一些诗句。马克也为米西说了祝福词。然后，这个女人——女儿、妻子、妹妹，以及母亲，这个躺在床上的躯体——呼出了最后一口气。护士关闭了监视仪上本已渐趋微弱的指示灯，静默笼罩了屋子。静默。然后，是失去的痛感，孩子们的悲恸，父亲们、母亲们、丈夫、姐妹、兄弟、朋友以及神父的无声的泪水。

她去了。

马克打开一瓶米西最钟爱的红酒，是新近在北加州葡萄园旅行时购得的。他用盛药片的小塑料杯斟满酒，直到病房里每个人都得到了一小盅，连孩子也都有。我们为米西的生命而饮。如同一出戏落幕时，所有的演员都已各司其职。我们可以自由活动了。

米西哮喘发作后的第 11 天，在圣母升天堂举行了完整的安葬弥撒。歌声与圣诗中，神父宣读了为米西而写的悼词，颂扬她以种种方式将人们聚拢来，将快乐带给同事，带给圣母升天会的教友，带给她孩子所在的学校，带给家人和朋友。他请我们环顾四周，果然：大教堂挤满了挚爱米西的人。在米西的守灵夜之后这样一个工作日里，仍有逾 300 人在这里，他们觉得到此向米西的生命致意，远比去工作或是什么别的场所更为重要。甚至明尼苏达州的大主教也亲临葬礼，并为她的孩子和丈夫送上几句安慰的话。

墓地就在大教堂后面，沿一片起伏的丘陵向前延展至紫丁香树篱。护柩者将棺木放下片刻，戴上太阳镜，随即跟从神父进入墓地。窄小的砾石路蜿蜒翻过山丘，转了个弯，折向停车场。自1860年起就有人立墓于此，刻有肖恩族人家姓的碑不在少数，漂洋过海落户美洲的曾曾祖辈、夭亡的婴儿、叔婶伯姨、堂兄弟表姊妹、母亲父亲、丈夫妻子。家就该如此面貌：逝去的家人的安葬之地，而终有一日你也将与他们一起安息。

灵柩停放于墓穴上方的搁架，神父的致辞自然不乏慰藉及对生命与希望的赞颂。送葬者的四周到处都飞着蜻蜓，在这个夏末的白日里不无欢愉地扑腾着嗡嗡作响。天空也蓝得那么悦目，如此美丽的日子本该与死亡毫无关系的。神父致完祷词后，马克向众人分发了白色的小纸盒，上面写着“米西之灵在无与伦比的美丽花园里自由纷飞。”在马克念叨让米西继续前行，放飞她的灵魂时，我们小心地打开小盒子，于是空中飞满了蝴蝶，与蜻蜓相逢的蝴蝶，高飞的蝴蝶。它们在米西的棺木略栖片刻，双翅开拢数次以作喘息，便又高飞而去。

教堂体育馆内，长条桌上已经备好了粉色的餐具垫、盛了白咖啡的热水壶，另有两条长桌上摆满了食物。三明治的原料用火腿和火鸡肉片，夹在涂了黄油的白面包之间，如还觉味淡，还能找到分碗装的蛋黄酱和芥末，而土豆沙拉、意面、拌卷心菜及腌黄瓜也应有尽有。甜点台供应糖糕，这是中西部的招牌点心，任意混合数种甜点，合着烤制成一大块儿，再切成正方或长方形。苹果脆糕、米花糖糕、花生酱及巧克力糕、麦片粥，柠檬焗蛋糕、德式巧克力糕还有巧克力颗粒糕。

肖恩和我一起顺着餐台向前，略过三明治，挑了些沙拉、腌菜和柠檬水，然后坐下来。几位年长的妇人和好心的男子忙里忙外，添咖啡，补充沙拉、三明治、糖糕，确保所有人都够吃够喝。

拿着，各位，吃吧：

这是我的身体，终将供奉出来给你们。

体育馆一端是演出台，篮球框旁边的墙壁上挂着宾果游戏板，另一端则用广告纸板贴出了米西的生平照片，我们就在这样的氛围中共享着米西赋予我们的聚餐。终于，我明白了。这顿饭意义非凡。家庭。社群。一种与场域的持久关系。

卡莉的三种呈现方式——创造、保存和毁灭——见诸多样的形态:月相、人生的三阶段,以及她自己的三色,白色代表处女,红色代表母亲,黑色则意味着老去。当作为毁灭者的卡莉身披红衣,即象征着她所给予又收回的生命之血。卡莉之舞给我们的教诲是,痛苦、悲哀与死亡并非靠拒斥就可以克服。它们也被织进了创造的肌理中,于是实现生命的完满便要求我们能够接受死亡的轮回。

我在挑选了米西那件红色镶珠连衣裙作为她下葬的穿着时,并不知道这血红的颜色是在召唤母神卡莉。卡莉母性之实现,并没有通过救脱她的孩子们于常理之中,而是向他们彰显十足的必死之命运。卡莉之舞解脱了她的孩子们,使他们可以充分而自在地行事,同时接受生死轮回的必然。卡莉的馈赠便是一种自由,倾情于生命的自由,一种只有在能够完全面对并接纳死亡之后而获得的自由。

我很想摇着卡莉的身体并告诉她,这些孩童,索尼娅和戴夫,还那么的幼小,对这样的自由尚无所适从。可是我跟不上卡莉的节拍,而她舞蹈之迅疾也不允许有任何干预。

在冬至典仪"七奔舞"的最后阶段,我总是闭着眼,因而那温馨的场景是只能想象的:超过 200 人聚在体育馆里——成年人、老者、孩童——蜷于地板,或俯卧或侧躺。肯尼斯请我们就用这种入睡时最舒适的姿态,并引导我们把想象带入视觉的天地。我们变得越来越渺小,梦幻一般进入了黑暗的深处,进入这一年中最漫长的夜。我们凝神于鼻息,专注于对日光的无比依赖,以及对太阳之回归的深切期望。黑暗之中,我们近乎绝望。

悠扬的笛声,我们起身开始寻觅阳光却无功而返。于是人们决定用模拟太阳的方式来邀请其回归。我们在屋子中央组成螺旋形,轻声哼唱摇摆,彼此紧靠着,双臂上举。随着一阵锣声,我们跳将起来,开始了狂野的种子破壳舞,又蹦又跳直到每个人伏倒在地,从我们意愿的种子里汲取新的生长能量。我们缓缓站起,如同长大成材的树木,由此我们把自己带到了现时,并收获了期望美好来年的愿景之种。环顾屋内,人们站着,伸长了胳膊去采摘看不见的果实。当我们采集了一大捧自己深深渴望的果子,我们便逐个将其种子播下。一些舞者站着原地掘坑埋种，另一些则播下几粒之后继续向前到另一处挖掘。从意愿到行动再到更多的意愿，我们自给自足，依自己的心愿而行动并生长，造就了我们自己这片森林。

随着乐曲的变换，舞者们快活地围成大圈子，雀跃着，旋转着，憧憬着新生的种子的萌发。人们面对面，手握手，转着圈又分开来。我们继续结伴前行；我们继续独自前行。音乐渐退，我们重新围成圈，仪式告一段落。我们相互安慰：太阳已经瞩目于我们，会回来的。

葬礼上拿到的那张小小纸卡，我在钱夹里收了两个月，上面有米西的椭圆形相片，她站在“半老派对”的蕨草丛中，金色卷发上戴着编织花环。她的离世终结了我们的关系，但我这位生命伴侣的音容仍驻留在我心里，我的钱夹里依然收着那张写了恒久相爱之约定的便条。

关于家园的追问，米西的死给了我一个意外而又明晰的终极回答。童年的塞拉斯高地之旅，山与水在塑造我的身份意识时的影响力。我原以为这些地貌会给我个石像般的身份，永远不变。其实不然。身份诚然由场域塑造，而场域既是生态性的，又有同等强大的社会与经济属性。五年时间里，我的伴侣及我与场域的新关系改变了我们彼此的关系，透露了我们的纽带之中的裂隙，而这在家里是不易察觉的。我们对待我们之间的关系就像对待盆栽植物一样，那是无关天气和周围环境的，可以任意从客厅移到露台，从一处生态区域迁往另一处。可是，我们的关系也是生态系统的一部分，根植于与其他生命形式及场域的关系，受着相互依存的能量流的滋养，而除非与之脱离，否则我们是看不见的。而今，我们生活在与新环境和新社区的纽带之中，又萌生了不同的欲望。我的伴侣想周游世界。我还是想家，还想要个孩子。

若想完满地进入冬至舞的那种重生之境——完成探底厄里斯齐格所受困的冥界并弥合两个世界的裂隙——我们必须放弃横亘在路上的一切。一切。

只有一样留存了。事业。职业安全。我毕生工作的成果及获得的首肯。没有这些，我如何生存？若无所依，又谈何放弃？

在修习“内观”的人中流传着这么一个泰国猎人诱捕猴子的故事。猎人将椰壳钻孔让椰汁流出,并在椰壳里藏了糖块儿。猴子发现了椰壳,将爪子伸进去抓糖。猎人闻声而来。猴子急坏了。它们没法把糖拿出来:猎人做的洞口大小只够一块糖或一只爪子,但不够让抓着糖的爪子出来。它们爪子困在椰壳里不能跑也不能爬树,因而束手就擒。

假如猴子舍弃了糖,便可以顺利脱身。可是猴子不肯。

正是这个故事,以及对猴子的感同身受,使我最终回归家园。

尾 声

河　源

靠近密西西比河岸，就在明尼哈哈瀑布之下有一座可以不拴绳遛狗的公园。这是一块平整的沙地，从稀疏的橡树林一直伸展到枫树和椴木混交林。粉色、蓝色、灰色以及白色卵石砌出了一条小路，一边是临河坚硬的湿沙，另一边则是干松易陷、向上延伸至树荫的沙坡。几条彼此交错的小径在草地和芦苇丛里蜿蜒前行，跨过小溪，翻越山岩，在一片纷乱的足迹与爪印中遽然消失，又在远远的前方重现于湿漉漉紧绷绷的泥地里。

在这个八月末的下午，空气因湿热而酽厚，且能闻到密西西比河，这整个大洲的血脉的腥湿之气。"大红杉"在杨木林下边的滩地上嗅着五六块逐一垒起的石头，显然是意义非凡的塔垒。"就是这里，"他们说。我朝石堆的方向点点头，继续向前走，可以见到另一棵已然倒伏却还在沙地和水里生长着的杨木，河滩绕过其粗大的树干，呈弧形向上伸展，那儿的石头更多。多很多。不计其数的石堆如同伫立于河滩的哨兵。有些由大小重量相当的五块大石头垒成。有些则是累进式叠加：敦实厚重的粉红石块垫底，扁平的灰岩居中，更小的白色石子放在顶部。还有的都用拳头大小的卵石堆成。奇妙的是它们居然不会倾覆。

走到下一个内凹的河滩处又能见到许多石堆。它们比肩而立，仿佛是个顾问团在讨论场域的存在。"就在这里，"它们低语道。"是的，这儿，"说得很平静地。"你到了，"它们宣布。"这里便是。"

此处，可以把棍子和网球扔向河里逗狗，此处，亦有石头堆的言语。显然，这些伫立的石头正是在我重返明尼苏达的同时现形的。之前一个星期，谁也没看到过。

白日渐短，空气渐凉，杨木、枫树和白桦的叶子变为了金黄和火红色。谁也没去惊扰这些伫立的石头。

这是个十二月上旬的周三清早。达摩堂里，一组五个修习者以及气功指导保罗在原木地板上站成六边形。冬日的晨光照耀进屋里，室外湛蓝的天色映衬着剔透的白雪，而一有风儿的哄骗，雪便如雾如雨般从枝头及房顶盈盈飘落。每天早晨，我都欣喜于重返明尼阿波利斯居住，这里是艳阳清早的家园，是我最初进入达摩修习圈子的地方。是家。

随着保罗的指导，我们汲聚地气，并提之至丹田。我们先将气沉在下腹部，再贯注于双腿。我们从头顶的空中采气并使之下行进入天庭并弥漫于体内各处。我们将面前气导入心脏地带。当我用双手将气输入胸口时，我能感到那儿的破损。哀伤使我的心如同开裂的花瓶，在舍弃了那么多之后的余痛。气穿流过胸口，在心的碎片之上、之间满溢，游走于我的脊柱，我的肩胛。我在每个动作中苦苦追寻，而每次的结果都一样。我做不到心如止水。

四天后，在冬至的明媚晨光里，我和“大红杉”在靠近密西西比河与明尼苏达河交汇处散步，当她还是幼崽时我们就来这里走过。地上覆着晶莹的新雪，薄薄的一层正好遮盖住酥脆枯黄的落叶。“大红杉”沿溪闹腾着，追逐别的狗，还去玩弄一只生人扔过来的翠绿色网球。我们沿半岛绕了一圈，便又向密西西比河岸上方有石头堆的地方走去，无论大雪压垮多少次，它们总是能重新垒起来。

我钻进缠结的杨木根部，躺在那里看河。接着我将意念植入心间，想象着那开裂的心瓶没入了水中，在河中央，在那里，水仍然在河岸封冻的边缘之间流动着。此时我感到心之裂片沉浸在水里。我仍然无法持守住气的能量，无法成为一件容器，可是在这里如此的持守却并不必要。水反倒守护着我，在我周围及体内流转。我浸在河水里，无须再做一件容器，无须持守住我单独那只小小的盛气之瓶。气的能量已裹住了我。我的心破瓶而出，沐浴在密西西比河中。我弃绝了弥合裂片的期待，弃绝了完好无损的瓶才是最好的心态的想法。

当我们出发去寻求幸福，与魔鬼搏斗，抑或开启一段无法再等待的旅程时，我们期待着得到改变。改变是我们上路的原因。我们同时天真地期望，我们置于身后的地方将会原封不动，如被定格的相片一样等候我们归来时将其激活。

在我回到明尼苏达时，那相片如影随形，以一个充满故事的过去来充实着当前的每一刻。在这样一个既都市又自然的环境里，我凭着此处的土地、文化和人向我的过去致意。在科莫湖，我看见自己模糊的身影与伴侣终年在那里散步，而她已离开去参加联合国维和活动。那儿，我和闺密及其两个女儿在寒冬里溜冰，这里，我在炎炎夏日里骑自行车，书包滚烫地贴在背上。这儿是那栋破败的四层复式公寓楼，我在那里完成研究生的最后学业，有些倾斜、油漆也剥落的前廊，就是我夜以继日赶写论文之地。那儿有幢挑高的二层小楼，是初次婚姻最后黯淡的光景里我居住的地方；六条街开外是一栋华丽的维多利亚式公寓房，而我在那里被盗走了所有的耳饰。在一个雨雾迷濛的七月夜晚，我未来的伴侣和我在市郊湖边散步、聊天、调情。五年之后我们带着新养的狗崽"大红杉"畅游在另一片湖水里。这里有明尼阿波利斯北边的一座房，我父亲终于在此寻到了安定的寄养家庭，并在中学最后几年里突飞猛进。他的母亲即我的祖母在他孩提时代住的公寓楼，如今已是州际公路经过之地。在所有这些地方，土地保留着我所有的故事，正是这些故事确立了我现时的存在。

作为欧裔美国人，我充满感激地发现了整整一代人之前的家族之根，虽说这根基对于原住民而言一定浅得很，他们在这里看到的历史得有上千年了。

以这些为背景，新的气象正在形成。明尼苏达的文化、政治、环境都发生了改变。过去占主流的是芬兰、瑞典、挪威、爱尔兰及德国的混合而近乎均质的文化，居住在保留地或城市贫民窟的奥杰布瓦人只有陪衬的份儿、非裔美国人也不过是象征性地在文化舞台上出场，如今已不再有这样的局面，明尼苏达人已趋于多元。主导文化的优良品质——斯堪的纳维亚人的好客、路德教派的社会公益意识以及社会主义的劳动组织方式——使得双子城颇受其他移民、难民的青睐。

赫蒙族[①]移民在越战后的 70 年代首先站稳了脚跟。大学街在过去称作"蛙城"的路段，亚洲人的超市、餐厅和商铺鳞次栉比，彰显了这一族群对本地的贡献。

---

① 赫蒙族：the Hmong，源于中国的国际性的民族（在中国称苗族，越南名为赫蒙族）现约 78 万人，居住在越南北方老街、河江、莱州、黄连山、山萝等省的山区。

第二波始于80年代，由墨西哥和中美洲的社会动荡及经济衰退而引发，双子城强大的团结工会运动以及明尼苏达农田的工作机会对于他们有着一举两得的吸引力。于是家庭带动了家庭，农场工人学习英语和其他谋生技能，又一个族群定居在了双子城。在明尼阿波利斯城南的滨湖大街，新一代的墨西哥及中美餐馆、超市、服装店、夜吧已然成了气候。最新一批移民算是由东非的饥荒和内战推动的：1991年有索马里人陆续到达，肯尼亚人和埃塞俄比亚人在90年代跟进。及至新世纪，他们建立起索马里社团联合会、索马里妇联、足球队以及一连串的非洲特色市场，售卖家乡的衣着、首饰、食品、面料、厨具和工艺品，此外还建起了供一日五礼拜的清真寺。在街头、公交车和超市里，非洲妇女的传统服饰迦拉比卜(jalaabiib)、哈吉卜(hajib)和卡玛(khamaar)使得她们成为三个外来族群中最醒目者。双子城新兴的文化多样性所促成的文化交流及教育的良好前景，让我回想起了童年在洛杉矶的岁月。

我们的政治版图也已悄然改变。往昔进步力量一统天下的局面不复存在，明尼苏达州受到了全国保守主义势力抬头的影响；州一级的财务管理不善造成了预算赤字，而在过去我们是有盈余的。这些虚假亏缺的情况意味着教育、医疗保健、社会服务及环境规划现在都得去争夺缩水的经费。医疗与社会服务预算削减了；原本在城郊河湖投资建设无限制公共娱乐及公园设施，现今转而收受年费并建收费停车场，我很担心这些转变与新移民潮是否存在巧合。“新明尼苏达人”不该被边缘化，不该像本州原住民那样被隔离：他们的社群组织已经非常完善了。

明尼苏达的生态也在变，而且更多的变化也迫在眉睫，如全球变暖影响着本地区的降水量。过去明尼苏达人在感恩节就能盼得大雪纷飞，而1997年以来的冬季，降雪量一直在减少，雪姗姗来迟至圣诞节后，滑雪道要等一月末才能使用。伴随降水量减少的是升高的气温，受其影响的包括了多种动植物：明尼苏达的“边界水域独木舟区荒野”的森林；冷水鱼群如湖鳟和河鳟；鸭类以及遍布全州的其他水禽。还有人担心温和的冬季和缩短的零下气温时长还会影响到人，无法再锻造坚韧的性格和强有力的社区联络，这正是明尼苏达人的特征，不少著名影片诸如《冰雪暴》(*Fargo*)和《牧场之家好作伴》(*A Prairie Home Companion*)都从中汲取灵感。为了保护所有这些本地居民，我们做了很多游说工作，争取资金来发展可更新能源、公共交通、混合动力车以及拼车专道。

没有别处可去。

我已懂得，场域是多面的，生态环境只为其一。《户外》(*Outside*)和《背包客》(*Backpacker*)杂志或许认为我在西北太平洋沿岸有着丰富的野外自然体验，并把我的居住地列为自然爱好者心目中美国十大理想城市之一，但作为一个处于同性恋关系中的双性恋者，我体会到的并非如此。回到明尼苏达，我才找到了文化与自然、历史与经济现实之间的平衡，这最终使我有了家的感受。我重回大学执教，但这里的工作体制将教学作为首要任务，而且倾力关怀来自乡村、第一代移民及工人阶级家庭的学生。在这里，教学成了为弱势群体争取权利与社会公正的活动，并塑造了我作为导师和领路人的角色。地域与工作场域的安定平衡，使我又春心萌动起来。

这一次我不再问计于水，尽管我每日都走在密西西比河边。可一旦明确了真已孑身一人，我便又考虑起孩子的问题。我知道我应毅然决然。而我得找一个心善之人，一个在雨后会把蚯蚓移下人行道，会为年长的邻居遛一只老眼昏花的狗的男人。我选择了一位教师，一位环境主义者、一位女性主义的盟友。我们目光清醒而又打破常规，开始了抚育孩子的计划，没有婚约，没有比协同履行父母职责更多的希求。一年半后，我把我们的女儿从体内顶推进了水里——产房设立的水分娩室，用的是净化水，密西西比河的水。

重返明尼苏达四年之后，我于夏至时节北行至密西西比河源地艾塔斯卡湖。我们的水从哪里来？这仍吸引着我踏上去往源头的朝拜之旅，成为这个地方真正的居民。经验告诉我，河一定会教给我什么。

在艾塔斯卡湖，我弄明白了这河的历史原是有斧凿痕迹和矛盾之处的。“河源”不过是将湖的一部分人为变窄，用作对观光客的宣教，由美国民间资源保护队(the Civilian Conservation Corps，简称CCC)修筑于1933—1939年间。摄于1903年改建之前的河源照片显示，这儿原来是半英里的狭长沼泽地，一种过渡地形而不是什么景点，四处散落着砍伐的木料。艾塔斯卡湖周边砍伐一直持续到第一位美国州立公园女主管玛丽·吉布斯，她为了保护森林敢于在枪口的威胁下和伐木者面对面对峙。多年之后，另一位公园主管认定，对于祖国第一大河而言，这个四分之一英里的沼泽作为河源不成体统，他的观点引导了 CCC 的清理工程，布上了“外观自然”的大卵石，供游人跨过密西西比河。我们的文化开始了对河道的第一次干预，但绝非最后一次：通过对河渠裁剪、泛滥平原的压缩及水闸和河坝的禁锢，原先总长 2 552 英里的密西西比河现已缩至 2 318 英里。

1834 年对河源的“发现”也是虚构的。亨利·罗·斯库克拉夫特（Henry Rowe Schoolcraft）徒劳的探寻终结于他对当地奥杰布瓦人的求助。奥萨温迪卜（Ozawindib）拿出一张地图告诉他河源所在，然后还亲自引斯库克拉夫特去了那里。整个 19 世纪，艾塔斯卡湖作为密西西比河源头的地位一直受到欧裔美国人的挑战，这些人将另外两个不同的支流湖泊（都以自己来命名）以及另两座上游湖指定为其河源。直到世纪末，一位勘探员观察到其实整个上游水域都算作源头，但所有的水源在河流离开艾塔斯卡湖出口才汇集一处，这也就终结了论争。欧裔美国人对密西西比河源头的追寻，引出了一整块水系，而不是单个儿的泉眼、小溪或是湖泊。由此我所受到的教益，先前已领略了多次，一如老友。

艾塔斯卡湖边，我多年渴求的小女孩此刻坐在沙地里，快活地抓着一把木棍和沙给她父亲看。我希望艾塔斯卡湖能成为她的六月湖。我希望每年都能带她来河源，这样她日后就不必来求寻了。她已然看过了驴蹄草和鞋兰，目睹了红喉蜂鸟和白尾鹿，仰望到了逾百英尺的红松及白松。她听到过潜水鸟在静谧的傍晚呜咽，其啼鸣声与枫树和桦树叶的猎猎飘摇相呼应。此刻她坐在湖岸，察看着红松上掉落的一只松果，这是明尼苏达州树，该树种能像加州大红杉那样抗火。我愿她也能有如此的韧劲，一种对环境的健康适应力。

我有了佛家的教益，有了水的教益。

水告诉我，家不是个停滞的场域或归宿，不是名词而是动词，一个建立与场域及其动植物和人之关系的进程。在家，意味着接受无常，彻底地进入生命的往复循环，踏入各种关系的汇流，能量之流，创造、保存、解体、再创造的舞蹈。

现时的每一刻，家即是你所在之处。

鸣 谢

所有的作家都会观照历史，向先行者寻求准许、启示甚或向他们提出辩驳。我们并非总能幸会可以成为我们的缪斯的作者，而我却得到了垂青：1988 年夏，我在明尼苏达大学参加了玛格丽特·兰德尔（Margaret Randall）、贝丝·勃兰特（Beth Brandt）和迈瑞德尔·叙厄尔（Meridel Le Sueur）举行的诗歌朗诵会。我还记得科夫曼联合会那间小礼堂的燠热，门廊的风扇不断地吹走盘踞在 50 个汗流浃背的观众周围的闷湿空气。三位宣讲人都是气场强大的女性，但在这次读诗会上，深深打动我的是迈瑞德尔的一首诗。她时年 88 岁，但她的朗诵仍然中气十足。会后我找到她，跪在她轮椅边，握着她的手说："您在这首诗里给了我苦苦寻求数月的词句。"我勉力解释着我对女性主义、生态学及社会正义的想法，迈瑞德尔于其间微笑颔首。接着她做出了令我惊讶的举动，她吻了我并答道："现在这些是你的词句了。好好用吧。"

"作为女性，我们通过自己的母亲来思考过去，"弗吉尼亚·伍尔夫在《一间自己的屋子》里写道，强调了充当女性作家楷模作用的重要价值。第一次也是唯一一次见到迈瑞德尔·叙厄尔时，我并没有认识到她的重要性，没有意识到她的生平与著作如何使得我自身的事业成为可能。我就像很多女儿一样，直至成年才懂得认识并欣赏她们母亲的奋斗、成就与智慧。

迈瑞德尔·叙厄尔生于 1900 年 2 月 23 日，并活到 96 岁高龄。她的生活及行动主义精神成为 20 世纪众多女性争取正义与自由的缩影。叙厄尔 16 岁便参加了示威，参与者全一身素白，为妇女选举权而走上第五大道。在纽约，她与艾玛·戈德曼住在一座无政府主义公社里，之后又在明尼苏达州圣保罗市的一座废弃仓库里与另一群妇女及其子女继续维系着她的“公社情感”。她的名篇“我在进军(I Was Marching)”讲述了她参加 1934 年明尼阿波利斯卡车工人罢工的经历。从 1932 年的文章“排队领救济的女人们(Women on the Breadlines)”开始,叙厄尔逐年记录了大萧条时期在社会经济底层的失业及无家可归妇女的抗争。叙厄尔在 1927 年间写给她未出生的孩子的短笺,以“报喜(Annunciation)”为题发表于 1935 年,标志着她首次在出版著述中将女人的身体与大地之体相连,她感到自己通过养育之力的神圣性而与所有的生命都联结在了一起。

作为一位投身激进政治思想与行动、1924 年便加入共产党的作家,叙厄尔和她的作品在民族主义兴起的 40 年代以及麦卡锡主义盛行的 50 年代都不受青睐。但叙厄尔一直在坚持。50 年代,她开始乘坐巴士广游全国,与民众交谈并记录下他们的故事。这一时期的文章关注于她所遇见的人们的那种不安分而又执拗的举动,她阐明自己的观点,即美利坚是一个行动中的民族。物理形态的活动创生了意识形态的活动,这是她的核心观念,最早可见于她的文章“我在进军”,她还以自身的行动推进这一想法,在 60 年代参加了坐巴士从伯克利到华盛顿特区的抗议与改良之旅。

1983 年,叙厄尔又上路了,从加利福尼亚到亚特兰大到塔尔萨①再到伤膝河②。在亚特兰大,叙厄尔在埃托瓦印第安古城遗址做了祈祷,并写下诗句,悲悼“筑在奴隶制上的伟大文化”和“资本主义的黑暗”。她乘坐巴士从亚特兰大到塔尔萨,在那里与从事激进主义事业的姐妹一起待了六个星期,且不忘奋笔著述。从塔尔萨她飞到了伤膝河,参加了反对松脊岭占领军的英勇抗争十周年纪念。作为对塔尔萨激进主义者安妮·德斯罗(Anne Dethrow)和玛丽·麦卡纳利(Mary McAnally)招待其食宿的回馈,叙厄尔将这次周游的日记留给了她们,后者于 1987 年将其集成题为《文字即行动》(*Word Is Movement*)的小册子限量出版了

---

① 塔尔萨:Tulsa,美国俄克拉荷马州东北部城市。

② 伤膝河:Wounded Knee,在南达科他州,1890 年 12 月 29 日,美国骑兵对印第安人苏族(Sioux)的部族拉科塔(Lakota)进行了屠杀。20 世纪 60 年代,一个名为美国印第安运动的武装组织与当时负责治理居留地的腐败保守派展开了斗争。他们行进到华盛顿,占领印第安人事务局长达数日。而回到居留地后,1973 年在伤膝河大屠杀的旧址前展开的与联邦警察长达 4 个月的对峙终于让他们放下了派系间的争斗。

300本。叙厄尔1988年于明尼苏达大学朗读其诗文时用的便是这本小册。“求寻我们母亲重生的故事(Asking for the Stories of Our Mother's Rebirth)”写于从亚特兰大到塔尔萨的巴士上，迈瑞德尔·叙厄尔连同一个亲吻馈赠我的也正是这些词句：

只见有土地
有七个小时只见这平整的脉动的丰饶
将冬天的土地化为绿色的麦田与土地
少了树或是河
在俯探躯体的天色映照下排成环形
土地哼吟着三段狼嚎
纯净的土地　　只见有赤裸而平坦的摇篮
抚育赤裸的土地。
延绵无数英里的纯净土地。
我不停地哭，脸颊贴着肮脏湿漉的
窗户。
是那在黑暗中起伏的土地
起伏向东
生机雀跃　　广袤无边裹挟了水汽与热力。
全球合为一个躯体的哼吟
哼吟　　哼吟　　土地伟大的土地我们的土地
在空间中屈体　　胸部　　腹部　　腰部
恰是土地的肌肤
母亲赤裸着　　博大的曲线的土地
肚腹　　肌肤　　伟岸的山谷
只见有平整的土地　　不见大教堂　　不见小屋舍
肉体哼吟　　情欲的土地　　母亲的肌肤
不见群山　　饰品般的作物　　只见肌肤

土地之肚腹的紧致　　惊鸿一瞥

贴窗而泣

就是这土地伟大的土地

在地球器官与宏阔及纵深之上的脉动

雨夜里土地肌肤的润湿

土壤里的丰盈　　哼吟　　涌动

百万岁的老妪

百亿躯体的交结　兽　　人

草地　　飞鸟　　爬虫

所有这些都紧嵌在这珠玑般的躯体上

而它生长着　　肉　　骨　　草　　兽

周而复始　　这片浑黑的润湿的丰沛的坚实的海

充溢着氮的土地永远鲜活

近年来的女性主义批评几乎都将叙厄尔的写作排除在外。我很想重提她的作品,她的激进主义以及她的写作生涯。如前诗,叙厄尔表达了一个女人与土地的激情洋溢的纽带关系,她的卑微和敬畏感,她与一切生命的柔情与热烈的合体。她的身份意识植根于她与被压迫民众、劳动人民、妇女、动物及土地的联系之中。尽管叙厄尔的正规教育在九年级时便结束了,但她毕生都在学习,在反思。她是共产主义者、女性主义者、环境主义者、劳工活动家、作家及母亲。叙厄尔从未停止过组织及演讲活动,且勤耕不辍直至1996年生命的最后一息,写尽了普通女性、土地与人、土地的性与色欲、社会与经济公正,以及生态健康。她是卓越的文学女先锋,她的激进精神和写作活动使我自身的事业成为可能。

完成这项时日长久的写作计划还少不了众多人士的指点。在西华盛顿大学,地图馆的珍妮特·柯林斯给我看了贝灵翰姆、派顿湖和沃特科姆县的历史地图。西北太平洋研究中心的伊丽莎白·乔夫里翁不但给我提供了档案盒,还引导我检索史实、轶事及彼此有出入的文献。沃特科姆博物馆的杰夫·朱厄尔为我准备了湖区开矿及伐木活动的旧地图，他还总能愉快地接待我不期而至的造访和查询。写水的章节“女人/水”要归功于如下几位女士：费尔黑文药房的戈迪·特莱特的智慧；乔伊·孟璐尔的期刊《为什么要水》(*Water Whys*)；与努克萨克大马哈鱼养殖促进会的温迪·谢勒的一席谈；以及安娜·迪尼对派顿溪当地情况毫无保留的讲述。

其他很多人士也给予了我更多在文学或经济上的支持。感谢维加·苏布拉曼尼亚姆、德布拉·萨拉扎和米多丽·塔卡吉，她们阅读了书稿的早期版本“寻家”并作了点评。沙曼·阿普特·拉塞尔阅读了手稿多篇文章；洛兰·安德森阅读了初稿全文并作了点评；巴里·鲍里奇在手稿的后期编辑中提出了关于非虚构作品创作的宝贵建议。早先的稿子“土地之家”和“荒野”写于一个怡人而湿润的春节月份，那时我住在惠德比岛赫奇溪的一座女作家度假公寓，我很感谢在那里享受到的宁静与幽寂。费尔黑文学院给了我两个无薪季度假，使我得闲进行不间断的写作，其间保罗·派珀还在西华盛顿大学为我安排了一次图书馆朗诵会，也是对我的写作的有力支援。同在贝灵翰姆达摩堂修习的朋友们自始至终都团结在我周围，给我支持和友谊，无论我是否在写作。我回到明尼苏达州之后，“志同冥思中心”的僧伽成员——帕特里斯·凯尔奇、卡罗尔·布罗德，还有我们的老师马克·农贝格，以及贝丝·巴特利特、詹·康利、丽萨·玛丽·巴德、吉姆·博格、乔·哈伯曼、南希·奥布赖恩、勒妮·帕德罗、琳尼·斯坦森、玛丽安·特恩布尔等诸多朋友都给予了我温暖，焕发着我的精神。苏必利尔湖北岸的一座女作家休养地“诺克劳福特”为我提供了住处，我对文稿作了最后的修订，每逢写作间歇还到北岸去远足。那里的土地与河湖为我奉献了许多，使我深觉其慷慨博大。

这本书离不开我的亲人在反反复复的写作进程中对我的坚定支持和不懈的信任。我深深地感谢肖恩·波歇、查尔斯·盖拉尔迪、巴里·格林沃尔德，尤其是我的母亲贝弗莉·加德，在我漫长的心灵黑夜里是她支撑着我。还有“大红衫”，我们的网球游戏其乐无穷。还有弗洛拉，祝福你。在我心目中，你的故事最精彩。

参考文献

Alighieri, Dante. *The Divine Comedy: Inferno; Purgatorio; Paradiso*. Trans. Allen Mandelbaum. New York: Alfred A. Knopf/Everyman's Library, 1995.

Austin, Mary. *Stories from the Country of "Lost Borders."* Ed. Marjorie Pryse. New Brunswick, N.J.: Rutgers University Press, 1987.

Barlow, Maude, and Tony Clarke. *Blue Gold: The Fight to Stop the Corporate Theft of the World's Water*. New York: The New Press, 2002.

Bean, Betty. *Horseshoe Canyon: A Brief History of the June Lake Loop*. June Lake, Calif.: June Lake Loop Women's Club, 1977.

Campbell, Joseph. *The Hero with a Thousand Faces*. Princeton, N.J.: Princeton University Press, 1972.

Cardea, Caryatis. "All the Pieces I Never Wrote About Class." *Sinister Wisdom* 45: Lesbians and Class. (Winter 1991/1992): 105 - 17.

Carson, Rachel. *The Sense of Wonder*. New York: Harper & Row, 1965.

Chodron, Pema. *When Things Fall Apart: Heart Advice for Difficult Times*. Boston: Shambhala, 1997.

Coventree, Caroljean. "Full Time Debt, Part Time Money." *Sinister Wisdom* 45: Lesbians and Class. (Winter 1991/1992): 98 - 103.

Csikszentmihalyi, Mihaly. *Flow: The Psychology of Optimal Experience*. New York: Harper & Row, 1990.

Glassman, Bernard, and Rick Fields. *Instructions to the Cook: A Zen Master's Lessons in Living a Life That Matters*. New York: Crown Publishers/Bell Tower, 1996.

Glendinning, Chellis. *My Name Is Chellis and I'm in Recovery from Western Civilization*. Boston: Shambhala, 1994.

Gordon, David George. *Field Guide to the Sasquatch*. Seattle: Sasquatch Books, 1992.

Green, John. *Bigfoot: On the Track of the Sasquatch*. New York: Ballantine Books, 1975.

Green, Rayna, ed. *That's What She Said: Contemporary Poetry and Fiction by Native American Women*. Bloomington: Indiana University Press, 1984.

Hollis, James. *The Middle Passage: From Misery to Meaning in Midlife*. Toronto: Inner City Books, 1993.

Homer. *The Odyssey*. Trans. Richmond Lattimore. New York: Harper Perennial, 1999.

Kadi, Joanna. *Thinking Class: Sketches from a Cultural Worker*. Boston: South End Press, 1996.

Krantz, Grover. *Big Footprints: A Scientific Inquiry into the Reality of Sasquatch*. Boulder, Colo.: Johnson Books, 1992.

LaDuke, Winona. *All Our Relations: Native Struggles for Land and Life*. Cambridge, Mass.: South End Press, 1999.

Le Sueur, Meridel. *Word Is Movement: Journal Notes from Atlanta to Tulsa to Wounded Knee*. Comp. Anne Dethrow and Mary McAnally. Tulsa, Okla.: Cardinal Press, 1987.

Levine, Stephen. *A Year to Live: How to Live This Year as If It Were Your Last*. New York: Crown/Bell Tower, 1997.

Maathai，Wangari. *The Green Belt Movement*：*Sharing the Approach and the Experience*. New York：Lantern Books，2004.

Mathiesson，Peter. *In the Spirit of Crazy Horse*. New York：Viking Books，1983.

Mellor，Mary. "Ecofeminist Political Economy：Integrating Feminist Economics and Ecological Economics." *Feminist Economics* 11，no. 3 (November 2005)：120－26.

Murdoch，Maureen. *The Heroine's Journey*：*Woman's Quest for Wholeness*. Boston：Shambhala，1990.

Oliver，Mary. *American Primitive*. Boston：Little，Brown & Co.，1983.

Pyle，Robert Michael. *Where Bigfoot Walks*：*Crossing the Dark Divide*. New York：Houghton Mifflin，1995.

Rose，Mike. *Lives on the Boundary*：*A Moving Account of the Struggles and Achievements of America's Educationally Underprepared*. New York：Penguin Books，1989.

Salzberg，Sharon. *Lovingkindness*：*The Revolutionary Art of Happiness*. Boston：Shambhala，1995.

Shackley，Myra. *Still Living? Yeti，Sasquatch and the Neanderthal Enigma*. New York：W. W. Norton & Co.，1986.

Sher，Barbara. *It's Only Too Late If You Don't Start Now*. New York：Random House，1999.

Shor，Ira. *When Students Have Power*：*Negotiating Authority in a Critical Pedagogy*. Chicago：University of Chicago Press，1996.

Silverstein，Shel. *The Giving Tree*. New York：HarperCollins，1964.

Smith，Rodney. *Lessons from the Dying*. Somerville，Mass.：Wisdom Publications，1998.

Stauff er，Julie. *The Water Crisis*：*Finding the Right Solutions*. Montreal：Black Rose Books，1999.

Storer, Tracy I., and Robert L. Usinger. *Sierra Nevada Natural History*. Berkeley: University of California Press, 1963.

Todd, Frances Bruce. *The Trail through the Woods: History of Western Whatcom County, Washington*. Baltimore: Gateway Press, 1982.

Upham, Warren. *Minnesota Place Names: A Geographical Encyclopedia*. Th ird edition.

St. Paul: Minnesota Historical Society Press, 2001.

Wahl, Terence R. *Birds of Whatcom County*. Lynden, Wash.: Print Stop, 1995.

Whitney, Stephen R. *A Field Guide to the Cascades and Olympics*. Seattle: The Mountaineers, 1983.

Wilcox, Ken. *Hiking Whatcom County*. Third edition. Bellingham, Wash.: Northwest Wild Books, 1996.

Woolf, Virginia. *Orlando*. New York: Harcourt Brace Jovanovich, 1956.

Wylie, Kenneth. *Bigfoot*. New York: Viking Books, 1980.

每章题语出处

第一年：历史与身份

Rachel Carson. *The Sense of Wonder*，copyright c 1956 by Rachel L. Carson，reprinted by permission of Frances Collin，Trustee.

第二年：地域与工作地域

Meridel Le Sueur."Asking for the Stories of Our Mother's Rebirth，" *Word Is Movement*：*Journal Notes from Atlanta to Tulsa to Wounded Knee*（Tulsa，Okla.：Cardinal Press，1987），33.

第三年：家/经济

Wangari Maathai *The Green Belt Movement*：*Sharing the Approach and the Experience*，rev. ed.（New York：Lantern Books，2003），112.

Winona LaDuke.*All Our Relations*：*Native Struggles for Land and Life*（Cambridge，Mass.：South End Press，1999），130.

Mary Mellor. " Ecofeminist Political Economy：Integrating Feminist Economics and Ecological Economics，" *Feminist Economics* 11（November 2005），122.

第四年：石油与水

Chellis Glendinning. "*My Name Is Chellis and I'm in Recovery from Western Civilization*"（Boston：Shambhala Publications，1994），135.

Joy Harjo. "Fire，" by permission of the author.

第五年：无常

Guillermo Gomez-Pena. *The New World Border*: *Prophecies*, *Poems*, & *Loqueras for the End of the Century* (San Francisco: City Lights Books, 1996), 6.

Stanza 74 from the *Tao Te Ching*, by Lao Tzu. From a new English version, with foreword and notes, by Stephen Mitchell. Translation copyright c 1988 by Stephen Mitchell. Reprinted by permission of HarperCollins Publishers.

与格蕾塔·加德的访谈

加德的《根：家园真相》(*The Nature of Home*：*Taking Root in a Place*)收入了南京师范大学金陵女子学院主持的性别研究项目"贻芳译丛"中，并将于 2015 年在江苏教育出版社连同另外三本性别研究专著一同推出。我有幸负责了《根》的翻译工作。如我在译序中所陈，有机会在翻译时与作家直接联系，请教无法查询的食品名称、艰涩的文句，更重要的是对作品的理解，甚至还可以就更多的学术话题进行研讨，这对于一个译者和从事文学批评工作的人而言，绝对是值得珍惜的经历。可以说，在翻译的全程，我和加德都在对话，之后也进行了多次邮件交流，这其中闪动着作者智慧的火花、洋溢着她的情感，当然最重要的是能够感受到一个充满社会正义感的活动家、作家、学者的良知。除这本书的译文之外，我很想将我们的对话整理出来，而加德本人也欣然同意。我们都认为，这不但是作者与译者之间的交流，也是中美学者的对话，更希望是大洋两岸生态批评研究的又一次视域融合的互动。毕竟生态女性主义运动，诚如加德对水的书写一样，是流淌往复、沟通四海的，是可以在大洋两岸彼此呼应的，是属于所有人的。

韦清琦(以下简称"韦")：

加德教授，很荣幸能以译者与学者的身份与您进行这次访谈。尽管尚未能谋面，但在翻译全程与您的交流，使我感到您已是我相识已久的良师益友了。有意思的是我的个人学术体验来到这一时刻之际，与几年前的另一刻竟出奇的相似：2010 年在完成斯科特·斯洛维克的《走出去思考》之后，我也与他做过一次类似的电子访谈并得以发表，之后他也成为中国生态批评学术活动的常客。我也希望您在此后有机会到中国来与这里的人民和水土零距离接触，并带来更多的学术成果。与翻译斯洛维克的另一相似之处是，您采用了生态批评学者最得心应手的形式——非虚构性写作（creative nonfiction），斯洛维克则称之为“叙事学术（narrative scholarship）”。事实上“走出去思考”大概代表了许多生态学者的风格和习作策略，就如同您攀援于冰川之上，在漂流途中，在跋涉沙漠时，都是边行走边将当下的精神状态直接诉诸于归来后的文字记录中，我想这部分地是汲取了美国自然写作的灵感吧（虽然您作了重要的修正，这我之后再谈）。但是您显然还有自己个性化的理解，正如您所说，“非虚构性写作……混搭的特点造就了这种杂糅（hybrid）体裁，倒也很对具有杂糅身份的作家的口味，在他们眼里，文化与自然、社会正义与环境健康都不可分割地交融于一体。”我也读过您的纯学术论文，而您是不是认为，像《根》这样的杂糅性书写，一来有更大的受众面，二来也更能体现生态女性主义比起生态批评更加具有的杂糅特质呢？

格蕾塔·加德（以下简称“加”）：

清琦，斯科特·斯洛维克将拙作推荐给你，使我有机会能在中国得到更多的了解，着实是我的荣幸。我其实已拜访过中国，并于 2008 年在清华大学召开的生态批评研讨会上作过发言。我还有幸在台湾淡江大学讲授过一学期的生态女性主义研究生课程，也参与了该校主办的学术会议。我们都很能理解，学习一种不同的文化是需要假以时日的，而这一学习可以通过对话、旅行以及友好往来，就像我们现在进行的，就人生与文学而畅所欲言。

如你所注意到的，非虚构性写作或叙事学术，可以像任何学术期刊论文那样用于从事研究，但这一写作形式日益为人接受，因为它并非孤立地阐述理念，而是诉诸具体的、与这些理念有关系的人，这些人每天都在对付这些问题。不喜欢与冷冰冰的概念打交道的读者，还是能够通过人生的阅历故事来理解这些概念的。

比较生态女性主义与生态批评可不是一个小话题。如我在《国际视野中的女性主义生态批评》（*International Perspectives on Feminist Ecocriticism*）的导言部分所说，生态批评有两个来源：基于梭罗、爱默生、缪尔传统的自然写作，和女性主义文学批评。上世纪 70 年代最杰出的女性主义学者安妮特·科罗德尼（Annette Kolodny）便是最早从女性主义视角探讨环境文学的批评家之一，其代表作包括《土地之位》（The Lay of the Land，1975）和《她前面的土地》（The Land

Before Her，1984)，这些著作揭露出，环境叙事的主流视角一向为白种异性恋男性所把持，他们常常将土地女性化，并把女性化作为贬抑自然的根据。美国自然写作的这一传统在生态批评兴起早起仍然存留，并引发了1999年于密歇根卡拉马祖召开的“文学与环境研究会”(ASLE)筹备成立了“多元文化小组”(ASLE Caucus for Diversity)。

同时我得说，生态批评界对我最大的支持来自斯科特·斯洛维克，2009年他第一次听到我做的报告“生态女性主义的新方向”，便鼓励我修改为论文，并发表在《文学与环境的跨学科研究》(ISLE[2010])及《女性主义形成》(*Feminist Formations*[2011])。因而尽管生态女性主义既是社会运动，也是一种学术视角，是生态批评的一种视角，但它先于生态批评，也与之相互交叉。

韦：

我很赞同生态女性主义不仅是学术，也是社会实践活动，这跟生态批评在很大程度上是相通的。您本人的经历也很好地说明了一点。这里我想和您讨论一下迈瑞德尔·勒苏尔(Meridel Le Sueur)。您几乎把最热情的溢美之词献给了您这位精神导师：“她是共产主义者、女性主义者、环境主义者、劳工活动家、作家及母亲。勒苏尔从未停止过组织及演讲活动，且勤耕不辍直至1996年生命的最后一息，写尽了普通女性、土地与人、土地的性与色欲、社会与经济公正、以及生态健康。”我在读您引用的她那首诗时也被那炽烈而浓情的字句所震撼着。回想您书中的写作，不少描述便像是对勒苏尔的致敬，如您让自己所置身的山野去融合对父母的回忆：“沙漠地带褐色的山峦似裹挟在她天鹅绒长睡衣的皱褶里。而在那杰弗里松、山里的花岗石和玄武岩之间，则让我触及了父亲高大的臂膀。因为有这片土地及我的父母，才造就了我。”让我感到有趣的是我感到您在重现勒苏尔，又在超越她，因为后者作为前辈女权斗士，在诗中基本排除了男性(“不见群山”)。其实这样的例子在您书中有很多。那种慈爱的看护的力量，那种庇护(sheltering)的冲动，母性美好的正能量，也同样可以在男性中找到。因而我认为您是在对自然与父亲的热爱的双重驱动中找寻女性主义发展走向的：于荒野里发现可以跨越人与自然、男人与女人的看护、关爱的普适存在。您的思索是“在与粗粝的岩面以及长着须茬的脸面的接触之中”生根的。

加：

您的评价很出色，恰如其分地抓住了我对土地如父母般养育我们的感觉，而这种养育之恩可归于所有的生命，这是超越物种和性别的。

韦：

养育之恩，关怀之情，贯穿在您的书写中，也贯通了人们常常在自然与文化之间设定的界限，我认为这也是当代的自然写作对传统荒野的写作的一大提升，即在荒野中贯注人情，而在文明世界里又总有自然的介入。当然我觉得，您的这部关于家园的写作，生态女性主义的基调还是非常鲜明的，有时候思想的火花随时就闪现了出来："走进寂静的山林深处，浓重的树荫下可见到鲜亮的粉红丝带，这些原与乳腺癌幸存者联系在一起的带子如今系在了伐木路边的树上，宣告着这些林木即将到来的厄运。"那粉色丝带，一个很自然映入眼帘的意象，也很自然地将森林与女性所受的创伤系在了一起。而您写给我信中也解释为何要把第一章致献给克丽·夏洛克，即文中提到在派顿湖畔遇害的女大学生："我每次去派顿湖，克丽总是萦绕在我心中，并提醒我对土地、水、动物以及女人的暴力是密不可分的。"不过您的写作对生态女性主义批评作了深广的扩张：在登山途中想到远赴万里之外国度从事登山运动与殖民主义、与阶级不平等的关系。您作为"闯入伐木者中的环保分子"，同时又是"渗透进异性恋人群的同性恋"，而你们虽无意于此，白皮肤却不由分说当作了你们的"保护色"。可见生态女性主义的议题，始终是与环境、性别及取向问题、种族问题纠结于一处的。而这本写自然的书花费了大量笔墨关注饥饿、家暴、无家可归等问题，这是耐人寻味的，因为您坚信"社会变革就是这么一种双手齐抓的工作。一只手高举行动主义大旗，另一只手则伸展出去做好社会服务工作。"

所以我相信，您心目中的生态女性主义关怀，几乎是对弱势群体的全覆盖。事实上您的论文《素食生态女性主义》(*Vegetarian Ecofeminism*)中也明确指出："女性主义的包容力(在理想状态下)意味着当一个被剥夺了权利的群体得到确认时，女性主义便能够响应并容纳这个群体所关切的问题，其自身的理论随机也受到重塑。正是在扩展包容性及其随后对理论的革新的过程中，人们可以找到女性主义、生态女性主义以及素食女性主义发展的脉络。"那么，您是否觉得这也使生态女性主义成为一种广义的女性主义、“大”女性主义、甚或“终极”的女性主义?

加:

女性主义者对于打造“终极”女性主义的说法是非常审慎的,因为这样的主张会使我们联想到过去的霸权话语如何将非欧裔、少数族裔的女性主义、同性恋女性主义等更多支派边缘化的做法。女性主义诚然追寻解决所有形式的压迫问题,试图以富于关联的术语来理解自我,以超越物种、性别、种族、民族等领域界限。但这样的努力始终处于旅程之中,难以企及终点;假如我们认为我们“业已”到达终极正确的境地,那很可能是谬误的!

韦:

的确如此,您提醒的很好,如果有什么能被普适地称为“终极”之物,那或许它是很有破坏性的,对此我也应予以充分警醒,尤其是在我对于所谓“终极”的生态女性主义的或许抱有了如此乐观的看法的情况下。生态女性主义的活力源泉是在其旅途中,在其对更远更宽旷的领域的顾盼的过程中,尽管还没有真正完全覆盖到那些领域。尚未。非常感谢您,加德教授,这样的访谈不仅能帮助读者加深对《根:家园真相》的理解,也更有助于生态女性主义在中国的传播和本土化建构。

加:

这个访谈非常完美,上述讨论给我留下了深刻的印象。我很盼望拙著和该访谈在中国的面世并有机会拜读!

书　　名　根：家园真相
著　　者　格蕾塔·加德
译　　者　韦清琦
责任编辑　赵　明
装帧设计　李广发
出版发行　凤凰出版传媒股份有限公司
　　　　　江苏凤凰教育出版社（南京市湖南路1号A楼　邮编210009）
苏教网址　http://www.1088.com.cn
照　　排　南京紫藤制版印务中心
印　　刷　江苏凤凰通达印刷有限公司（电话025-57572508）
厂　　址　南京市六合区冶山镇（邮编211523）
开　　本　787毫米×1092毫米　1/16
印　　张　13
版　　次　2015年9月第1版　2015年9月第1次印刷
书　　号　ISBN 978-7-5499-5400-1
定　　价　33.00元
网店地址　http://jsfhjycbs.tmall.com
新浪微博　http://e.weibo.com/jsfhjy
邮购电话　025-85406265，85400774 短信 02585420909
盗版举报　025-83658579